나를 사로잡은 명문장
필사 책

나를 사로잡은 명문장

필 사 책

김옥림 엮고 씀

VIVA체

인생은 문장처럼
문장은 인생처럼

인생에서 벌어지는 일들을 문자를 통해 정리하면 문장이 된다. 시가 되기도 하고, 소설이 되기도 하고, 에세이가 되기도 한다. 시, 소설, 에세이는 소재가 매우 다양하다. 다시 말해 인생의 소소한 일들이 모두 시와 소설, 에세이의 소재가 된다.

그렇다면 문장은 또 어떠한가. 시, 소설, 에세이의 문장은 하나하나가 인생의 이야기이다. 물론 자연에 대한 소재가 있지만, 인생의 이야기가 더 다양하게 펼쳐져 있다. 다시 말해 문장은 다양한 인간의 군상들의 소소한 일들이 담긴 인생의 이야기인 것이다.

이렇게 놓고 본다면 인생은 그 자체가 문장이며, 문장은 그 자체가 곧 인생인 것이다. 그런 까닭에 책을 많이 읽는 사람은 더욱 풍요로운 인생을 즐기며 살게 된다. 가진 것이 없어도 문장이 주는 힘에 의해 정신적으로는 강건하고 내면은 단단하게 형성하기 때문이다. 이를 잘 알게 하는 이야기이다.

음악의 어머니라고 불리는 바로크 시대의 위대한 음악가 게오르크 프리드리히 헨델 Geonrg Friedrich Handel. 그는 영국 왕실 예배당의 작곡가로, 왕립음악 아카데미의 음악감독으로 상연되는 오페라를 대부분 작곡하였다. 그는 음악가가 누릴 수 있는 명성을 누리며 부유하게 살았던 음악사에서 가장 축복받은 음악가였다. 그러던 그가 1737년 뇌일혈로 발작을 일으키며 병을 얻게 되었다. 그리고 오페라의 쇠퇴로 그가 운영하던 극장이 파산했고 그는 빈 털터리가 되었다. 하루하루가 절망과 고통의 연속이었다. 그러던 어느 날 그가 거리를 떠돌다 집으로 돌아왔을 때 책상 위에 놓인 낯선 봉투를 발견하였다. 봉투 안에 있는 편지에는 다음과 같은 문장이 적혀있었다.

그는 사람들에게 거절당했으며 또한 비난까지 당했다. 그는 자신에게 용기를 줄 누군가를 찾고 있었다. 그러나 그 어디에도 없었다. 그 누구도 그를 편하게 대해 주지 않았다. 그는 하나님을 믿기로 했다. 하나님은 그의 영혼을 지옥에서 건져 주었다. 하나님은 당신에게 안식을 줄 것이다.

이는 무명 시인 찰스 제네스가 보낸 편지였다. 그는 편지를 읽고 영감을 얻은 후 작곡을 시작한 지 23일 만에 곡을 완성했다. 곡을 완성한 헨델의 얼굴에는 기쁨이 가득했다. 그 곡은 당시 국왕이었던 조지 2세를 비롯해 많은 사람들이 참석한 가운데 연주되었는데, 연주가 끝난 뒤 국왕을 비롯한 사람들은 환희에 들떴다. 그 곡이 바로 헨델의 불후의 명곡인 〈메시아〉이다.

절망 중에서 헨델을 다시 일으킨 찰스 제네스의 문장은 헨델에겐 희망의 메시지였던 것이다. 그렇다. 좋은 문장은 누구에게나 희망을 주고, 꿈을 주고, 어려움을 극복하게 하는 힘을 내포하고 있다.

이 책에는 리처드 버크의 《갈매기의 꿈》, 윌리엄 세익스피어 《베니스의 상인》, 프리드리히 니체의 《차라투스트라는 이렇게 말했다》등의 세계명작과 헤르만 헤세의 〈당신을 사랑하기에〉, 기욤 아폴리네르의 〈미라보 다리〉, 존 밀턴의 〈사랑하는 내 당신이여〉등의 세계명시와 노자의 《도덕경》, 공자의 《논어》, 맹자의 《맹자》, 사마천의 《사기》, 손자의 《손자병법》, 장자의 《장자》, 한비의 《한비자》등의 동양고전과 마르크스 아우렐리우스의 《명상록》, 렐프 왈도 에머슨의 〈어록〉, 레프 톨스토이의 《톨스토이의 인생론》, 장 자크 루소의 《에밀》, 헨리 데이비드 소로의 《시민불복종》등의 서양고전 등이 다채롭게 펼쳐져 있다.

이 책을 읽고 다양한 문장들을 필사하는 것만으로도, 다양한 지식과 교양과 상식을 쌓게 됨으로써 내면을 단단하게 함은 물론 정서적으로도 큰 위로를 받고 평안을 얻게 될 것이다. 또한 품격 있는 문장을 통해 인문학적 통찰력과 문장력, 어휘력, 표현력을 기르게 됨으로써 지적인 삶의 품격과 교양미를 갖추는데도 큰 도움이 될 것이다.

이 책이 인생을 가치 있고 행복하게 살아가기 위해 노력하는 이들에게 힘이 되고, 꿈이 되어주길 기원한다.

김옥림

Contents

제2부

세계명시에서 가려 뽑은 명문장_

나는 모든
아름다운 것을 사랑합니다

제3부

동양고전에서 가려 뽑은 명문장_
길은 가까운 곳에 있다

제1부

세계명작에서 가려 뽑은 명문장

무언가를 이루고 싶다면

간절히 원하라

가장 높이 나는 새가
가장 멀리 본다

우리는

이 세계에서 배운 것을 통해

다음 세계를 선택한다.

우리가 이 세계에서

아무것도 배우지 못하면

다음 세계도 이 세계와 같을 것이다.

가장 높이 나는 새가 가장 멀리 본다.

_ 리처드 버크의 《갈매기의 꿈》 중에서

마음 챙김

《갈매기의 꿈》은 삶의 진리와 자기완성의 소중함을 일깨워 주는 작품이다. 앞의 말은 당장 눈앞에 일에만 매이지 말고, 높고 깊은 생각으로 먼 앞날을 내다보며 살라는 교훈의 의미를 담고 있다.

. . .

스테파네뜨 아가씨와 목동

아가씨는 이렇게 꼼짝도 않고 하늘의 별들이 솟아 오른 아침 햇살에 밀리어 없어질 때까지 그대로 있었다. 나는 두근거리는 가슴으로, 아름다운 생각만 보내준 맑은 하늘의 보호를 받으며 내 어깨에 기대어 잠이 든 아가씨를 줄곧 지켜보고 있었다. 두 사람을 둘러싸고 별들은 양 떼처럼 여전히 조용한 걸음을 옮겨갔다. 그리고 몇 번이고 나는 이 별 가운데 가장 예쁘고 가장 빛나는 별 하나가 길을 잃고 나의 어깨에 기대어 잠들어 있다고 생각했다.

_ 알퐁스 도데의 〈별〉중에서

마음 챙김

이는 잠든 주인집 아가씨 스테파네뜨에 대한 목동의 맑고 순수한 애정이 담긴 말이다. 〈별〉은 알퐁스 도데의 《풍차 방앗간 편지》에 담긴 단편소설로 티 없이 맑고 예쁜 주인집 아가씨를 향한 목동의 순수한 사랑이 아침이슬처럼 맑고 영롱하게 피어난 작품이라고 할 수 있다.

. . .

무언가를 이루고 싶다면
간절히 원하라

자아의 신화를

이루어내는 것이야말로

이 세상 모든

사람들에게 부과된 유일한 의무지.

세상 만물은 모두 한 가지라네.

자네가 무언가를 간절히 원할 때

온 우주는 자네의 소망이

실현되도록 도와준다네.

_ 파울로 코엘료의 《연금술사》 중에서

마음 챙김

《연금술사》에서 나만의 보물을 찾기 원하는 양치기 청년 산티아고에게 늙은 왕 멜키세덱이 들려준 말이다. 《연금술사》는 보물 즉 꿈을 찾아 떠난 양치기 청년 산티아고의 삶의 참된 의미를 발견하는 이야기이다. 이 소설에서 '연금술'이 뜻하는 것은 '자아의 신화'를 찾는 여정을 말함인데, 이를 좀 더 덧붙인다면 자신의 보물 즉 꿈을 찾아 더 나은 삶으로 나가는 과정을 말한다.

. . .

관계성에 대한 고찰

마음으로만 보이는 거야.

본질적인 것은
눈으로는
보이지 않게 마련이거든.

_ 앙투안 드 생텍쥐페리의 《어린 왕자》 중에서

마음 챙김

《어린 왕자》에서 여우가 어린 왕자에게 하는 말로, '관계'의 의미를 시사한다. 즉 '본질적인 것'이란 '관계'를 만드는 것을 의미한다. 인간과 인간, 인간과 사물, 농부와 밭, 정원사와 정원, 친구, 조국, 문명 등은 모두 관계를 이루고 있음을 말한다.

. . .

캐서린을 향한
히스클리프의 연정

저 보잘것없는 남자가
온 힘을 다 기울여서
80년 동안 사랑한다 한들
나의 하루치
분량만큼도 사랑하지 못할 것이다.

_ 에밀리 브론테의 《폭풍의 언덕》 중에서

마음 챙김

《폭풍의 언덕》에서 캐서린에 대한 에드거와 자신의 사랑을 비교한 히스클리프의 말로, 자신의 사랑을 강하게 드러낸 말이다. 《폭풍의 언덕》은 사랑과 증오에 사로잡힌 한 인간의 복수심이 얼마나 무서운 결과를 낳고, 죄의 사슬에 얽매이는지를 잘 보여주는 작품이다.

. . .

참인간의 본질

그러나 네게는

구원의 길이 남아 있다.

내일 밤부터 하룻밤에 한 가지씩

너의 과거와 현재와 미래를

보여주는 망령이 나타나

네게 구원의 길을 가르쳐 줄 것이다.

_ 찰스 디킨스의 《크리스마스 캐럴》 중에서

마음 챙김

《크리스마스 캐럴》에서 스크루지에게 예전의 동업자인 말레이의 망령이 나타나서 한 말이다. 《크리스마스 캐럴》은 찰스 디킨스의 많은 작품 중 진실에 이르는 길이 무엇인지를 스크루지를 통해 가장 쉬우면서도 가장 확실하게 보여준다. 즉, 스크루지는 크리스마스 이후 새사람이 되었으며, 참인간의 본질이 무엇인지를 잘 보여주었던 것이다.

. . .

포르티아의 말

마음의

만족을 얻은 사람은

그것만으로

충분한 보수를 받았다고

할 수 있습니다.

_ 윌리엄 셰익스피어의 《베니스의 상인》 중에서

마음 챙김

《베니스의 상인》재판 장면 마지막 부분에서 목숨을 구원받은 안토니오와 그의 친구 바사 니오가 깊은 감사의 말과 함께 사례금을 내밀었을 때 포르티아기 했던 말이다. 《베니스의 상인》은 돈보다는 인간의 존엄성의 소중함에 대해 잘 알게 한다. 또한 친구와의 의리와 우정에 대해서도 깊이 생각하게 한다.

. . .

인생에서
청춘이란 무엇인가

우울함과 다정함이
맞붙어 떨어지지 않는

이 낯선 감정에 슬픔이라는

무겁고 훌륭한 이름을 붙여도 좋을지
나는 망설이고 있다.

_프랑수아즈 사강의 《슬픔이여 안녕》 중에서

마음 챙김

《슬픔이여 안녕》의 서두 부분에 나오는 말로, 슬픔과 우울함 ,다정함, 고독 등 사강의 문학적 특징이 다 드러나 있다. 《슬픔이여 안녕》은 프랑수아즈 사강이 18세 때 쓴 처녀작으로 청춘이 가진 잔혹함과 냉소와 담담한 허무감을 섬세한 심리로 그리고 있다.

. . .

여자의 인생은
남자에 의해 결정된다

결혼이란

어떤 유명한 남자의 말에 따르면,

낮에는 나쁜 감정을 주고받고

밤에는 악취를 주고받는

행위에 지나지 않는다고 하더군요.

_ 기 드 모파상의 《여자의 일생》 중에서

마음 챙김

《여자의 일생》은 모파상의 첫 장편소설로 한 여자의 불행한 삶을 조명하고, 주변에서 일어나는 갖가지 불합리한 일들을 그림으로써 삶의 본질을 가감 없이 적나라하게 보여준다. 이를 좀 더 부연하면 잔의 가혹한 운명으로 볼 때 여자의 인생은 어떤 남자를 만나느냐에 따라 좌우된다는, 지극히 보편적인 이야기와도 같지만 《여자의 일생》은 그래서 더욱 공감을 불러일으킨다.

. . .

자기 확신에 따른
여성주의의 신념과 의지

넌

세상에 맞춰 살아.

난 세상의

모욕과 야유를 즐기면서

내 뜻대로

신나게 즐기며 살 테니까.

_ 루이자 메이 올콧의 《작은 아씨들》 중에서

마음 챙김

《작은 아씨들》의 주인공 조 마치가 한 말로 자신의 생각에 따라 살기를 바라는 그녀의
강인한 의지가 담긴 말이다. 《작은 아씨들》은 작가인 루이자 메이 올컷의 자전적인 소설
로, 주인공인 마치 가의 네 자매 캐릭터들은 그녀와 그녀의 자매들을 모델로 구성하여
생동감이 넘치는 가족소설로 유명하다.

. . .

맹목적인 부모
사랑의 모순

인간의 마음은
애정이 극한까지 오르면
잠시 휴식을 취하지만,

증오심의 절벽으로
굴러떨어질 때는
좀처럼 멎지 않게 마련이다.

_ 오노레 드 발자크의 《고리오 영감》 중에서

마음 챙김

《고리오 영감》은 지극정성으로 두 딸을 키웠지만, 딸들에게 버림받은 고리오 영감을 통해 아무리 자식이라지만 맹목적인 부모의 사랑이 얼마나 모순적인지를 잘 보여준다. 또한 자식들의 이기심과 비윤리성이 부모에겐 얼마나 치명적인 아픔이자 불행인지를 적나라하게 보여준다고 하겠다.

. . .

정의와 진실

지극히 단순해서 실행해도 상관없는 일이라 하더라도, 우리의 자연적인 욕구는 해도 좋은 일의 경계를 벗어나지 않도록 우리를 조심시켜준다. …… 나쁜 생각을 천성적으로 가지고 태어난 인간이 아닌 한, 인간의 성질은 죄를 싫어하게 되어 있다. 그런데 문명은 우리에게 욕망과 악덕, 부자연스러운 욕구를 주고, 때로는 우리의 선량한 본능을 죽여서 우리를 악한 쪽으로 끌어가는 식으로 영향을 미친다.

_ 알렉상드르 뒤마의 《몽테크리스토 백작》 중에서

마음 챙김

《몽테크리스토 백작》에 나오는 파리아 신부의 말이다. 《몽테크리스토 백작》은 정치적 음모에 휘말린 당 테스의 복수를 통해 정의가 무엇이며, 진실이 무엇인지를 잘 보여준다고 하겠다.

. . .

젊은 남녀의
맑고 순수한 감정

그녀의 영혼은

참으로 아름답고 관대하며 부드럽다.

선택받은 사람의 지성을 가졌으면서도

방황을 거듭하며 비참하기 짝이 없는

생애를 보냈다.

그래서 나는

그녀를 더욱 아끼고 존중하는 것이다.

_조르주 상드의 《사랑의 요정》 중에서

마음 챙김

《사랑의 요정》에서 상드가 여배우 마리 도르 발에 대해 언급한 말이다. 《사랑의 요정》
은 아름다운 전원과 소박한 농민의 생활, 젊은 남녀의 순수한 감정이 잘 묘사된 전원소
설이다.

. . .

꿈과 현실의
차이가 주는 괴리감

이 하잘것없는

세

상

에

서

웃음만큼 진지한 것은 없다.

_ 귀스타브 플로베르의 《보바리 부인》 중에서

마음 챙김

귀스타브 플로베르가 프랑스의 여류시인이자 문인인 루이즈 콜레 Louise Colet에게 보
낸 편지의 일부분이다. 《보바리 부인》은 시골의 평범한 여성의 생활과 환경을 객관적인
수법으로 쓴 현실주의적 소설이다. 꿈과 현실의 차이에서 빚어지는 환멸 속에서 출구를
찾기 위해 노력하는 인간의 비극을 그린 작품이다.

. . .

악에 굴하지 않는 인간의 헌신과 참모습

형무소가 죄인을 만들어 낸다.

평등의 첫 번째는 공정함이다.

개혁 의식은 일종의 도덕의식이다.

진보야말로 인간의 존재방식이다.

가난한 생활에 의한 남자의 실추,

배고픔에 의한 여자의 타락,

암흑에 의한 아이들의 쇠약이라는

현대의 세 가지 문제가 해결되지 않는 한

지상에 무지와 비참함이 있는 한

이 책과 같은 글도 쓸모없지는 않을 것이다.

_ 빅토르 위고의 《레미제라블》 서문 중에서

마음 챙김

《레미제라블》은 굶주린 조카들을 위해 빵을 훔치다 발각되어 19년이란 세월을 감옥에서 지내다 46세에 석방된 장발장을 그린 소설이다. 그는 주교의 은촛대를 훔치나 주교 미리엘은 그를 용서하고 선물이라며 준다. 이후 선과 덕을 쌓은 후 장발장은 선을 행하며 시장 자리에 오르지만 고난은 여전히 그를 놓아주지 않는다. 하지만 그는 고난을 이겨내며 사회의 악에 굴하지 않고 불공정을 단죄하면서 참다운 선을 실행하는 참인간의 모습을 잘 보여준다.

. . .

문명사회에서의
인간의 본성

허영심이

강하하다는 것은,

자존심이라기보다는

오히려

자기 비하를 한다는 표시이다.

_ 조너선 스위프트의 《걸리버 여행기》 중에서

마음 챙김

《걸리버 여행기》는 흥미로운 항해 이야기와 환상적인 이야기를 통해 부패와 탐욕과 폭력이 나무하는 문명사회를 비판함으로써 인간의 본성을 날카롭게 풍자하고 있는 작품이다.

. . .

진취적인 용기와 독립심

나는 비참한 일을

당하기 위해 선택되어

전 세계로부터 격리되었다.

그러나 모든 선원 가운데

홀로 살아남았으니

나를 죽음에서 구해 준 신은

비참한 조건 속에서도

나를 살려낼 수 있을 것이다.

_ 대니얼 디포의 《로빈슨 크루소》 중에서

마음 챙김

《로빈슨 크루소》에서 로빈슨 크루소가 탄 무역선이 항해 중 서인도에서 난파됨으로써 혼자 살아남아 무인도에 갇히게 되자 한 말이다. 《로빈슨 크루소》는 진취적인 용기와 독립심, 청교도주의 등 당시 영국 시민의 생활태도가 반영된 작품으로, 그리스도교를 우화한 작품으로 평가되고 있다.

. . .

하나님의 사랑과 축복

하나님의 복음의 꽃밭에는
한 겹의 꽃이 없다.

모두 여러 겹으로 되어 있다.

하나님의 돌보심은 꽃잎 안에
다시 꽃잎이 있듯이
축복 속에 축복이 있는 것과 같다.

_ 존 번연의 《천로역정》 중에서

마음 챙김

《천로역정》 중 〈이스라엘이여 희망을 가져라〉에 나오는 문장이다. 《천로역정》은 영국 근대소설의 효시로 자신에게 주어진 죄를 씻고 구원의 길에 이르는 한 청교도인의 과정을 그린 작품으로 그 의미가 크다 하겠다.

실낙원의 명문장

지옥에서

다스리는 것이

천국에서

모시는 것보다 훨씬 낫다.

_ 존 밀턴의 《실낙원》 중에서

마음 챙김

존 밀턴은 청교도 혁명으로 정권을 잡은 크롬웰 정권의 대변인이 되었다. 실명한 후 혁명을 옹호하는 글을 썼다. 왕정이 복고된 후 신변에 위험이 처해졌다. 하지만 기적적으로 처형을 면한 후 《실낙원》, 《복낙원》을 비롯한 책을 저술하였다. 그는 청교도주의자로서 하나님에 대한 사탄의 교만함을 대서사시 《실낙원》을 통해 비판적으로 보여준다. 이러한 그의 시작(詩作)은 그의 종교적 신념에 입각한 그의 강인한 정신의 발로라고 할 수 있다.

새로운 여성성

여성도 남성과 똑같은 감정이 있으며, 남성과 마찬가지로 자신의 재능을 살려야 하고, 보람 있는 일터를 찾아야 한다. …… 종래의 습관이면 충분하다고 여겨지는 어떤 일들에 도전하고 배워보려고 하는 여성을 비난하거나 비웃은 것은 경솔하기 짝이 없는 일이다.

_ 샬럿 브론테의 《제인 에어》 중에서

마음 챙김

《제인 에어》는 사회적 인습에 얽매이지 않고, 주변 사람들의 편견에 굴하지 않고 당당하게 자신의 사랑의 길을 걸어가는 제인 에어, 그리고 그녀를 통해 고난과 역경에도 꿋꿋하게 자신의 길을 찾아가는 새로운 여성성을 잘 보여 주는 작품으로 갖는 의미가 크다.

. . .

삶의 굴레를 벗고
자유롭게 살다

돈은

육감 같은 것이어서,

그것이 없으면

다른 감각을

제대로 이용할 수가 없게 된다.

_ 서머싯 몸의 《인간의 굴레》 중에서

마음 챙김

《인간의 굴레》는 열등감과 그로 인한 고뇌를 안고 살아가는 필립이 자기를 에워싸고 있는 삶의 굴레를 벗고, 자유롭게 살아가는 과정을 진지하게 그리고 있다. 이 작품은 서머싯 몸의 자전적인 요소가 가미된 작품이다.

. . .

맑고 순수한
젊은이의 사랑

그대는 우리가 '죽음에 이르는 병'이라고 부르는 것을 알고 있을 것이다. 그것으로 인해 인간성이 크게 손상되고, 갖가지 힘이 침식되며, 인간성의 작용이 사라져 다시는 회복되지 못하고, 아무리 행운의 격변이 일어나도 더 이상 생활의 궤도를 원래대로 돌이킬 수가 없는 것이다.

_ 괴테의 《젊은 베르테르의 슬픔》 중에서

마음 챙김

알베르트와 벌인 자살 논쟁에서 베르테르가 인간성의 필연적인 한계를 주장하는 말이다. 《젊은 베르테르의 슬픔》은 사랑하는 여자를 향한 어쩔 수 없는 운명에 삶을 마감한 맑고 순수한 젊은이의 사랑을 잘 보여준 소설이라고 할 수 있다.

. . .

질투가
인간에게 미치는 영향

아아 질투여,
한없는 악의 근원이자
덕을 갉아먹는 벌레여!

어떠한 악도
조금은 기쁨을 주게 마련이지만
질투가 주는 것은
불쾌함과 원한, 노여움뿐이다.

_ 미겔 데 세르반테스의 《돈키호테》 중에서

마음 챙김

앞의 문장은 '라만차의 현명한 기사 돈키호테의 제2부' 제8장에 나오는 문장이다. 《돈키호테》는 당시 세계정복을 꿈꾸던 에스파냐의 사회적인 상실감과 실의에 빠져 있던 세르반테스는 자신의 현실을 돌아보며 쓴 소설이라는 점에서 큰 의미를 지닌다고 하겠다.

. . .

인간의 의지와
위대함

인간은

패배하도록

창조된 게 아니다.

인간은

파멸당할 수는 있어도

패배하지는 않는다.

_ 어니스트 헤밍웨이의 《노인과 바다》 중에서

마음 챙김

《노인과 바다》는 주인공인 늙은 어부 산티아고를 통해 인간이 지닌 굳은 의지의 위대함
을 잘 보여주는 작품이고 하겠다. 《노인과 바다》는 평단으로부터 열광적인 찬사를 받았
으며, 1953년에는 퓰리처상을, 1954년에는 노벨문학상을 수상하였다.

. . .

스칼렛의 말

지금은

그만 생각하자.

내일

다시 생각하자.

_ 마거릿 미첼의 《바람과 함께 사라지다》 중에서

마음 챙김

앞의 문장은 절망의 구렁텅이에 빠질 때마다 스칼렛이 외는 주문과도 같은 말이디.《바람과 함께 사리지디》는 남북선생과 전후의 재건을 배경으로 미국 남부의 귀족사회가 붕괴해 가는 과정을 그린 작품이다. 기구한 운명을 지녔지만 강인한 주인공 스칼렛을 중심으로 다양한 인물들의 사랑과 삶을 보여준다.

· · ·

욕망에 휩싸여 황폐화된
인간의 내면에 대해

여러분, 저는 분명 마술의 기법을 쓰고 있습니다. 그러나 저는 보통 마술사와는 정반대의 방법을 씁니다. 보통 같으면 진짜라고 생각하게 한 다음 착각을 일으키도록 만들겠지만, 저의 경우는 착각이 아닐까 하고 의심하는 분들에게 진짜를 보여드리는 것입니다.

마음 챙김

〈유리 동물원〉 제1장에 나오는 톰의 대사이다. 《욕망이라는 이름의 전차》는 테네시 윌리엄스의 3막으로 구성된 희곡으로 풍요로웠던 과거의 삶과 지금이란 현실에서의 욕망에 휩싸여 황폐화되어 붕괴되는 블랜치를 통해, 사랑과 갈등, 욕망, 고뇌에 대한 인간의 내면을 적나라하게 보여준다. 결국 과거의 영광을 벗어나지 못하고 스러져간 여인의 삶은 연약한 인간성으로 인해 매몰되고 만다.

. . .

귀족사회의 모습과
여성의 애정 심리

행복한 가정은
모두 비슷하게 닮았지만,

불행한 가정은
불행한 모습이
제각기 다르게 마련이다.

_ 레프 톨스토이의 《안나 카레니나》 중에서

마음 챙김

《안나 카레니나》의 서두에 나오는 문장이다. 《안나 카레니나》는 관능적인 사랑과 그리스도교적인 사랑을 대비해 묘사하면서 1870년대 러시아 귀족사회의 모습과 여성의 애정심리를 그린 소설이다.

. . .

지성인이 비극을 통한
혁명의 냉소적 비판

사람들은 생생한 발자취를 따라

한 걸음씩 너의 길을 따라올 것이다.

하지만 패배인가 아니면 승리인가

스스로 알려고는 하지 마라.

그리고 자기도 물러서서는 안 된다.

자기 개성을 끝까지 지키면서

그저 살아가라, 살아가라.

살아가라, 마지막 그 순간까지.

_ 보리스 파스테르나크의 《의사 지바고》 중에서

마음 챙김

《의사 지바고》는 러시아 혁명기를 헤쳐 나가는 지성인이 비극을 그리고 있다. 혁명에 대한 냉소적이고 비판적인 묘사와 사랑에 대한 서정적인 접근을 통해 인간의 자유와 진정한 삶을 일깨워 준다.

. . .

대지에 대한
인간의 숭고성

뿌리가

영향을 주려면,

깊이

땅속에 묻혀야 한다.

_ 펄 벅의 《대지》 중에서

마음 챙김

《대지》는 중국인의 삶과 농민들의 순박한 모습을 그린 소설로, 중화민국이 출범할 무렵 혼란한 시대를 배경으로 중국의 빈농인 왕룽 일가의 변천을 그린 작품이나. 중국 농민들의 삶을 애정 깊은 눈으로 펼쳐 보임으로써 펄 벅에게 노벨문학상을 안겨준 작품이다.

. . .

작품의 의의

작품이란

작가가 독자에게 제공하는

일종의 광학기계라 할 수 있다.

이 책을 읽지 않으면

아마도 볼 수가 없었을

자기 속의

무언가를 보게 해주는 기계인 것이다.

_ 마르셀 프루스트의 《잃어버린 시간을 찾아서》 중에서

마음 챙김

《잃어버린 시간을 찾아서》는 과거는 풍화되어 잊혀지는 것이 아니라 무의식적 기억으로 남아 있다가 초시간적 감각을 계기로 되살아난다는 것을 보여주는 작품이다. 다시 말해 《잃어버린 시간을 찾아서》는 시간의 흐름 속에서 융합되어가는 서로 다른 세계를 보여주는 작품이라고 할 수 있다.

. . .

사랑의 진정한 의미

사랑한다는 것은

우리가 서로를

바라보는 것이 아니라,

한 방향을

같이 바라보는 것이다.

_ 앙투안 드 생텍쥐페리의 《인간의 대지》 중에서

마음 챙김

앞의 문장은 생텍쥐페리의 수필집 《인간의 내시》에 나오는 니무도 유명한 문장으로, 공통된 목적으로 맺어진 인간관계가 얼마나 아름다운지를 잘 보여준다. 덧붙여 말한다면 인간관계 중 '사랑한다'는 것의 진정한 의미가 무엇인지를 잘 보여주는 말이라고 하겠다.

. . .

여자란 무엇인가

여자는

태어나는 것이 아니다.

여자로

만들어지는 것이다.

_ 시몬 드 보부아르의 《제2의 성》의 첫머리 글

마음 챙김

《제2의 성》의 첫머리 글이다. 작가 보부아르는 선천적 즉 태어날 때부터 여성적인 것은 존재하지 않는다고 주장한다. 성의 차이는 생물학적인 본성을 바탕으로 하는 것이 아니라, '제1의 성'인 남성이 지배하는 사회 속에서 인위적으로 만들어진 것에 지나지 않는다는 것이다. 이런 그녀의 주장은 그녀를 여성해방운동의 기수가 되게 하였다.

인간의 부조리에 대한 카뮈의 고찰

인간 속에는

경멸해야 할 것보다,

칭찬해야

할 것이 더 많다.

_ 알베르 카뮈의 《페스트》 중에서

마음 챙김

《페스트》에 나오는 이 문장은, 인간의 부조리성을 의심하면서도 절도 있는 반항을 시도하는 인간과 인간 사이이 우애 속에서 인간 본연의 모습을 찾을 수 있다고 말하는 바, 이에 대한 카뮈의 긍정적이고 적극적인 표명(表明)을 뜻한디고 할 수 있다

. . .

사랑의 가치

사랑이

닿는 것은

모

두

죽음에서 구제된다.

_ 로맹 롤랑의 《장 크리스토프》 중에서

마음 챙김

《장 크리스토프》는 악성(樂聖) 베토벤을 모델로 한, 19세기 말에서 20세기 초에 걸쳐 유럽의 예술과 문학, 정치, 사회에 대한 비판을 담은 10권으로 이루어진 서사시적인 대하소설이다. 이를 좀 더 부연한다면 작가인 로맹 롤랑이 꿈꾸던 유럽 공화국에 대한 이상주의가 반영된 작품이라고 할 수 있다.

. . .

사회규범에 대한
역설적인 정의

내가 사랑하는
유일한 덕목의 이름은
'제멋대로'이다.

제멋대로인 자가 복종하는 것은
신성한 자기 속에 있는
유일하고 무조건 적인 규칙,
곧 자기가 가진 그대로의 마음이다.

_ 헤르만 헤세의 《제멋대로》 중에서

마음 챙김

헤르만 헤세의 수필집 《제멋대로》에 나오는 문장이다. 여기서의 제멋대로는 무질서한 제멋대로가 아닌, 인간의 마음에 내재된 바르고 규칙적인 즉, 사회에 규범에 따르는 역설적인 제멋대로인 것이다. 이런 글쓰기는 헤세의 문학의 진수로서 그가 지닌 사상과 문장의 결합이 얼마나 작품과 적절하게 맞아 떨어지는 지를 잘 알게 한다.

그리스도교와
무신론의 대결

홀리는 것은

사랑하는 것이 아니다.

홀리는 것은

증오하면서도 할 수 있다.

_ 표도르 도스토옙스키의 《카라마조프가의 형제들》 중에서

마음 챙김

《카라마조프가의 형제들》 중 장남인 드미트리가 한 말이다. 《카라마조프가의 형제들》
은 그리스도교와 무신론의 대결을 담고 있다. 뛰어난 심리묘사와 신에 대한 사랑, 도덕
적이면서도 지적인 긴장감으로 독자들로 하여금 공감을 이끌어내는 작품이다.

. . .

남성 이기주의와
사회적 인습의 모순성

자연의 여신은,

눈을 뜨면 행복해질 수 있을 때

'보라!'고 말해주는 경우가 거의 없고,

또 '어디 있느냐?'는 외침에 대해서도

'여기 있다!'고 대답해 주는 일이 거의 없어

나중에는 그 숨바꼭질이

지겹고 진부한 것이 되어버린다.

_ 토머스 하디의 《테스》 중에서

마음 챙김

《테스》제1편 제5장에 나오는 문장으로, 그 아무리 인류가 발전하고 사회가 진보한다고 해도, 운명의 장난으로부터 해방되지 못한다는 작가 토머스 하디의 인생관을 나타낸 말이다. 《테스》는 순진무구한 시골처녀가 도덕적 편견과 인습, 불가항력적인 운명에 지배당하고 파멸해가는 과정을 통해 남성 이기주의와 사회적 인습에 희생당하는 여자의 불행을 조명하고 있다.

. . .

독재자의
폭압과 만행

모든 동물은 평등하다.

그러나

어떤 종류의 동물은

다른 동물보다 더욱 평등하다.

_ 조지 오웰의 《동물농장》 중에서

마음 챙김

《동물농장》은 구소련이 공산주의 국가로 진입하는 과정과 독재자의 폭압과 만행을 수 태지 스노블과 나폴레옹을 통해 보여준다. 스노블은 이론가인 트로츠키를 나폴레옹은 스탈린을 빗댔다. 공산당을 끔찍이도 싫어하는 조지 오웰의 생각이 잘 드러난 작품이다.

. . .

노예제도와
톰 아저씨의 비극

이 작품은
신이 쓰신 것이고,

나는 신의 말씀을
글로 옮긴 것에 지나지 않는다.

_ 해리엇 비처 스토의 《톰 아저씨의 오두막》 중에서

마음 챙김

《톰 아저씨의 오두막》은 노예제도의 잔인함을 목격하고 인도주의 입장에서 쓴 작품으로, 악마와 같은 노예상인 사이먼 레글리에게 채찍으로 맞아 죽는 톰 아저씨의 비극을 통해, 백인들의 비인간적인 흉포성을 비판적으로 그린 수작이라고 할 수 있다.

. . .

인간의
그릇된 욕망

가령 바람 밑이

안전한 장소라 해도

그 곳에 틀어박혀 있어야 하는

불명예를 안기보다는

저 미쳐 날뛰는

넓은 바다 속으로 뛰어들겠다.

_ 허먼 멜빌의 《백경》 중에서

마음 챙김

앞의 문장은 제23장 '바람 밑에 해안'에 나오는 것으로, 삶을 향한 강인한 의지를 잘 보여준다. 《백경》은 미국 상징주의의 대표적인 작품으로, 고래와 싸움을 통해 인간의 그릇된 욕망을 그려냄으로써 진정한 삶에 대한 성찰을 깨치게 한다.

. . .

인간 군상을 통해
인간의 속성을 말하다

이 세상에는

아무리 신성하다 해도

가만히 두고

볼 수 없는 일이 있다.

_ 권터 그라스의 《양철북》 중에서

마음 챙김

《양철북》은 전쟁과 종교, 섹스 등을 통해 인간 군상의 모습을 묘사한다. 이 작품에서 주인공인 오스카의 삶은 나치즘의 득세와 패장을 의미하며, 인간들의 속성을 낱낱이 보여줌으로써 어떻게 살아야 하는지에 생각하게 한다.

. . .

특권계급의 횡포를
해학으로 비판하다

당신은 대단한 귀족 나으리인데다 재능도 많다고 생각하시지요. 작위와 재산, 지위, 수많은 직분, 이것저것들을 모두 꼽아보라면 콧대가 높아지는 것도 당연하지요. 하지만 그만한 혜택을 받기 위해 당신은 도대체 무엇을 했습니까? 노력하신 것으로 따지자면 응애 하고 세상에 태어난 것, 그것 하나뿐이지 않습니까?

_ 피에르 보마 르세의 《피가로의 결혼》 중에서

마음 챙김

희극 《피가로의 결혼》 제5막 제3장에 나오는 피가로의 독백으로, 특권계급의 무능함과 신흥세력인 제3신분의 대립을 잘 보여준다. 이를 좀 더 부연하면 《피가로의 결혼》은 귀족, 성직자 등 특권계급의 횡포를 해학으로 비판하는 작품이라고 할 수 있다.

· · ·

어머니의 사랑에 갇혀
갈등하는 폴의 사랑

새는 가고 싶은 곳으로
가려고 하며 날고 있을 뿐,

하늘을 나는 것이
영원으로 이어진다고 생각해서
날고 있는 것이 아니다.

_ 데이비드 허버트 로렌스의 《아들과 연인》 중에서

마음 챙김

《아들과 연인》에서 무슨 일이든 종교적이어야 하고, 어떠한 사물에서든 하나님을 찾아야 한다고 생각하는 미리엄에게 폴이 한 말이다. 《아들과 연인》은 작가 로렌스의 사진적 소설로, 어머니의 사랑에 갇혀 이성적인 사랑에 갈등하고, 번민하는 폴을 통해 사랑이 무엇이며 어떻게 그 길을 가야하는지를 잘 알게 한다.

. . .

결혼 문제에 대한
편견과 오해의 진실

상당한 재산을 가진
독신 남자라면
틀림없이 아내를
찾고 있을 것이다, 라는 말은
보편적인 진리이다.

_제인 오스틴의 《오만과 편견》 중에서

마음 챙김

《오만과 편견》의 서두에 있는 문장으로, 결혼을 단적으로 표현하는 말이다. 《오만과 편견》은 18세기 후반 영국 죽류계급의 결혼 문제를 둘러싼 이야기를 그린 것으로, 남녀 주인공의 심리적 갈등을 묘사하고 있다. 제인과 엘리자베스가 빙글리와 「다시와 교제를 하면서 겪게 되는 편견에 대해 잘 보여준다. 편견은 지극히 주관적인 것으로 당사자의 가치관과 심정의 흐름에 따라 갖게 된다는 것을 잘 알게 한다. 헤어짐과 만남을 통해 그것이 얼마나 잘못 된 것인지를 잘 알게 된 엘리자베스의 마음의 변화가 행복한 결말을 맺게 한다.

. . .

차라투스트라의
가르침

그대들에게

초인超人을 가르치려 하노라.

인간은 극복되어야 할 그 무엇이다.

그대들은 자신을

극복하기 위해 무엇을 했는가?

_ 프리드리히 니체의《차라투스트라는 이렇게 말했다》중에서

마음 챙김

《차라투스트라는 이렇게 말했다》의 시작 부분으로 차라투스트라가 숲에서 나와 가장 가까운 도시로 들어섰을 때, 시장에 군중들이 모여 있는 것을 보고 군중을 향해 한 말로, 차라투스트라가 이 작품에서 무엇을 말하고 의도하는지를 함축적으로 보여준다. 여기서 초인이란 기성도덕을 부정하고 민중을 지배하는 권력을 행사하면서, 자기의 가능성을 극한까지 실현한 이상적인 인간을 의미한다.

. . .

제2부

세계명시에서
가려 뽑은
명문장

나는 모든
아름다운 것을 사랑합니다

당신을
사랑하기에

당신을 사랑하기에 밤에 나는
그토록 설레며 당신께 가서 속삭였지요.
당신이 나를 영원히 잊지 못하도록
당신의 마음을 따 왔었지요.

당신 마음은 나와 함께 있으니
좋든 싫든 오로지 내 것이랍니다.
설레며 불타오르는 내 사랑에서
어떤 천사라도 그대를 앗아가진 못해요.

_ 헤르만 헤세

마음 챙김

이 시를 보면 사랑하는 사람에 대한 시적 화자(시에서 이야기하는 사람)의 적극적이고 충만한 사랑을 잘 알 수 있다. 이런 사랑을 한다는 것은 상대방을 위한 것이기도 하지만, 결국은 자신을 위한 사랑인 것이다. 그렇다. 진실한 사랑을 원한다면 이처럼 사랑하라.

. . .

당신이 나를
영원케 하셨으니

당신이 나를 영원케 하셨으니
그것은 당신의 기쁨입니다.
이 연약한 그릇을 당신은 자꾸 비우시고
또 언제나 싱싱한 삶으로 채우십니다.
이 작은 갈잎피리를
언덕과 골짜기 위로 옮겨오셨습니다.
그리고 그 피리를 통해
영원히 새로운 멜로디를 불어내셨습니다.

_ 라빈드라나드 타고르

마음 챙김

이 시는 신에 대한 감사함과 고마움에 대한 시인의 마음이 잘 드러나 있다. 신은 무한한 능력을 지닌 절대자로서 인간의 삶과 자연을 자신이 원하는 대로 할 수 있는 존재이다. 그런 까닭에 신에 대한 감사함은 지극히 당연한 것이다. 이 시는 이러한 시인 자신의 마음을 잘 보여주고 있어, 신에 대한 경건함을 드높인다고 할 수 있다.

안개

작은 고양이의 걸음걸이로
안개는 옵니다.

조용히 앉아
항구와 도시를
허리 굽혀 바라본 뒤
다시 일어나 걸음을 옮깁니다.

_ 칼 샌드버그

마음 챙김

안개가 퍼져 오르는 것을 고양이의 발걸음으로 비유하여, 생생함을 주고 있다. 그리고 안개가 낀 모습을 고양이가 엎드려 아래를 굽어보는 것처럼 표현하고, 안개가 서서히 사라지는 형상을 엎드려 있던 고양이가 일어나 다른 곳으로 가는 것처럼 표현하였다. 이는 마치 안개를 살아있는 고양이처럼 나타내 생동감을 주기에 부족함이 없다. 이처럼 시에서의 비유는 시적분위기를 끌어올림은 물론 표현력을 한층 높여줌으로써 시의 완성도를 이룬다 소품의 시지만 안개를 표현함에 있어 시인의 역량을 잘 보여준다고 하겠다.

. . .

나는 모든
아름다운 것을 사랑합니다

나는 모든 아름다운 것을 사랑합니다.
그것을 또한 경배합니다.
신도 그만큼 찬양받을 수 없고
사람은 그 바쁜 일상 속에서도
아름다운 것을 사랑함으로써 존재하지요.

나는 또한 그 무엇인가를 만들고자 합니다.
모든 아름다운 것을 만들어 내는 즐거움이여,
비록 그것이 내일이 오면 기억에만 남는
한낱 꿈속의 헛된 말 같을지라도
나는 모는 아름다운 것을 사랑합니다.

_ 로버트 S. 브리지스

마음 챙김

시적 화자는 눈에 보이는 모든 아름다운 것을 사랑하고, 경배한다고 말한다. 그리고 사람이 존재하는 것은 아름다운 것을 사랑하기 때문이라고 말한다. 그런 까닭에 시적 화자는 무엇을 만들고자 한다고 고백한다. 그리고 그러한 자신의 행동에서 즐거움을 느낀다. 나아가 그것이 비록 꿈속의 헛된 말 같다하더라도 모든 아름다운 것을 사랑하겠다고 말한다. 참으로 긍정적이고 능동적인 삶의 자세가 아닐 수 없다. 이러한 삶이야말로 자신을 최선이 되게 한다는 것을 잊지 말아야겠다

. . .

가끔 조용히
찾아가게 되는 그대에게

그대와 함께 있고자,

가끔은 조용히 그대 있는 곳으로 가게 되는 그대여,

내가 그대 옆을 스쳐가거나, 가까이 앉아 있거나

방안에 갇혀 있을 때,

그대는 모를 것입니다.

그대 때문에 내 마음속에서

흔들리는 미묘한 감동으로 이는 불꽃을.

_ 월드 휘트먼

마음 챙김

사랑하는 이에 대한 자신의 감정을 사랑하는 이가 모를 거라고 말하는 시적 화자의 말
엔, 사랑하는 이를 향한 사랑의 진실이 잘 나타나 있다. 사랑하는 이에 대한 자신의 마음
을 사랑하는 이의 곁을 스쳐 지나고, 그 옆에 가까이 앉는 등으로 표현함으로써 사랑하
는 이에 대한 사랑의 정도를 나타낸다. 마치 짝사랑의 설렘 같은 그런 사랑의 감정, 그래
서 사랑은 절절하고 아름다운 것이다.

. . .

지금까지보다 더

지금까지보다 더 더
그대를 사랑하며

지금까지보다 더 더
그대를 찬양하며

지금까지보다 더 더
그대를 좋아하며

지금까지보다 더 더
그대를 존경하며

지금까지보다 더 더
그대를 영원토록 원합니다.

_ 수잔 폴리스 슈츠

마음 챙김

사랑하는 이를 지금도 그러했지만 지금 이 순간부터는 더 사랑하고, 더 찬양하고, 더 좋아하고, 더 존경하며, 더 영원토록 사랑하겠다는 시적 화자의 뜨거운 고백이 잘 나타난 시이다. 사랑의 시인으로 잘 알려진 수잔 폴리스 슈츠의 시의 묘미를 잔잔하지만 강렬하게 보여주는 시라고 할 수 있다.

· · ·

그대는 꽃 인양

그대는 한 송이 꽃처럼

귀엽고도 아름답습니다.

내 그대를 바라보고 있으면

슬픔이 저절로 가슴속에 싹트고

그대의 머리 위에 손을 얹어

기도하고 싶은 마음이 간절해집니다.

하나님이 그대 도와주시기를

그대가 영원토록 아름답기를

_ 하인리히 하이네

마음 챙김

사랑하는 이를 한 송이 꽃으로, 비유함으로써 사랑하는 이의 귀엽고 아름다움을 나타내고, 그 사랑이 깊어 사랑하는 이의 머리에 손을 얹고 하나님이 사랑하는 이를 잘 되게 그리고 영원히 아름답게 해달라고 기도하고 싶어 하는 시적 화자의 열망을 통해 사랑의 가치와 진정성을 잘 보여주는 시이다. 그렇다. 하인리히 하이네의 시다운 묘미가 잘 드러난 시라고 하겠다.

붉고 붉은 장미

오, 내 사랑은 붉고 붉은 장미
유월에 갓 피어난 청순한 장미
오, 내 사랑은 아름다운 노랫가락
감미롭게 연주되는 멋진 노랫가락

아름다운 사람이여, 당신이 어여쁜 만큼
내 사랑 역시 그만큼 깊고 깊습니다.
영원히 나 당신을 사랑하리니
바닷물이 마르는 날이 와도 내 사랑을
멈추지 않겠습니다.

_로비트 번즈

마음 챙김

시적 화자는 자신의 사랑을 붉은 장미로, 갓 피어난 청순한 장미로 비유하고 사랑하는
이를 아름답고 멋진 노랫가락으로 비유한다. 그리고 사랑하는 이의 예쁨처럼 사랑을 깊
이 있게 하고, 바닷물이 말라 사라지는 날이 와도 사랑하겠다고 맹세한다. 이런 사랑이
야말로 참으로 뜨겁고 간절한 사랑이라고 할 수 있다.

내 사랑이 참 사랑

내 사랑이 참 사랑을 맹세하면
거짓이라는 것을 알면서도 믿나니
세상에 거짓에 익숙하지 않은
풋내기 청년으로 생각하길 바라기 때문이다.
내 나이 한창때를 지난 줄을 그녀도 알지만
나를 젊게 보도록 헛되이 바란다.
바보처럼 그녀의 허황된 말에 넘어가
둘 다 뻔한 진실을 감추고 있다.
정절하지 않다고 왜 그녀는 고백하지 않았을까?
늙었다고 나는 왜 말하지 않았던가?
아, 사랑의 버릇은 짐짓 믿는 체하는 것이려니
사랑의 연륜은 나이를 따지지 않는 것
그래서 나는 그녀와 눕고 그녀는 나와 누워
흠투성이인 채 거짓말에 우리는 만족한다.

_ 윌리엄 셰익스피어

마음 챙김

시적 화자는 사랑을 함에 있어 늙었다든지 정절하지 않든지를 고백하지 않고, 사랑은 연륜을 따지지 않고 사랑 그 자체로 서로를 사랑하고, 그런 까닭에 흠투성인 채 거짓말에도 만족한다고 말한다. 사랑을 하다 보면 그 사랑을 취하고 싶어 때론 거짓을 말하기도 하는 것 역시 오직 사랑하기 때문이라고 믿게 된다. 그만큼 사랑은 간절하고 깊은 것이라고 할 수 있다.

. . .

산 너머 저쪽

산 너머 저쪽 하늘 멀리

행복이 있다고 말들 하기에

아, 남을 따라 행복을 찾아갔다가

눈물만 머금고 돌아왔습니다.

산 너머 저쪽 하늘 저 멀리

행복이 있다고 말들 하기에.

_ 칼 부세

마음 챙김

시적 화자는 행복이 산 너머 저쪽 하늘 멀리 있다는 남의 말을 믿고 갔다, 행복을 찾지 못하고 눈물만 머금고 왔다고 말한다. 행복은 어디에나 있지만 가까이 두고도 행복을 찾지 못하는 경우가 많다. 그렇다. 행복은 자신 주변에 있다. 다만 행복을 찾고자 노력할 때 행복은 다가오는 것이다.

. . .

사랑의 철학

샘물은 시냇물과 하나가 되고
시냇물은 바다와 합쳐지나니
하늘에서 부는 바람 언제까지나
한데 어울려 다정스럽다.
세상에 외톨이인 것이 있을까.
하나님의 법칙으로 온갖 만물은
한마음 한뜻으로 어울려 사나니
어찌하여 그대와 나는 헤어져 있는가.

_ 퍼시 비시 셸리

마음 챙김

샘물과 시냇물이 하나가 되어 어울리고, 하늘에서 부는 바람마저도 서로 어울려 다정한데 시적 화자는 사랑하는 이와 헤어지고 나서 헤어짐에 대해 가슴 아파하고 있다. 이별은 언제나 쓸쓸하고 가슴 아픈 것, 이별 없는 사랑을 하라. 그러기 위해서는 서로를 진심으로 이해하고 배려하는 사랑을 하라.

. . .

산책

푸르른 여름밤

보리 잎 새 향기에 취해 풀잎 따 입에 물고

오솔길로 들어섭니다.

마음은 꿈을 꾸고 걸음은 가벼워

시원한 바람에 흩날리는 머리카락,

말없이 생각도 없이

나의 끝없는 사랑은

영혼의 바다에서 파도를 칩니다.

쉴 곳 없는 나그네처럼,

멀리, 저 먼 곳으로 가렵니다.

사랑하는 이와 함께 슬거운 마음으로

자연과 더불어 나아가렵니다.

_A. 랭보

마음 챙김

시적 화자는 산책을 하면서 즐거움에 흠뻑 취해 있음을 알 수 있다. 사랑하는 이와 아름다운 자연에서 즐겁고 행복하게 살기를 바란다. 아름다운 자연에서 사랑하는 이와 사는 꿈은 그 자체만으로도 즐거움을 준다. 그렇다. 사랑하는 이와 아름다운 사랑을 꿈꾸고 아름답게 사랑하라.

· · ·

동화

예전에 어느 소녀는

날마다 날마다

내일은 오늘과 다르기를

바라면서 살았답니다.

_ G. 벤더빌트

마음 챙김

〈동화〉라는 시 제목에서 느끼듯 날마다 내일이 오늘과 다른 삶이기를 바라는 소녀의 바람은 행복을 뜻한다. 이는 소녀이기에 할 수 있는 생각이며 바람이다. 이런 순진무구한 마음으로 산다는 것은 어쩌면 어린이나 할 수 있는 생각이지만, 그래도 이런 마음으로 살아간다면 하루하루를 소중히 행복하게 살아가는데 큰 도움이 된다.

. . .

그대는
나의 일부

그대는 나의 일부

내가 살아가는 데 꼭 필요한 부분

내가 바라고 소망하는 것은 단 하나

그대 없이 살아가지 않게 해 달라는 것

당신을

사랑합니다.

_ 릭 노먼

마음 챙김

사랑하는 사람은 내가 살아가는데 큰 힘이 된다. 속상한 일이 있거나, 괴로움이 자신을 괴롭혀도 사랑하는 이가 있으면 능히 이겨낼 수 있다. 사랑하는 이는 용기를 주고, 꿈을 주고, 에너지를 주기 때문이다. 그런 까닭에 이 시에서 보듯 사랑하는 이는 자신의 일부이자 전부인 것이다. 그렇다. 자신에게 힘을 주고 용기를 주고 꿈을 주는 사랑하는 이를 아낌없이 사랑하고 사랑하라.

. . .

영원한
봄날

내 사랑하는 여인의 매력은
달콤하고 장미꽃보다 더 향기롭습니다.
산비둘기 솜털처럼 보드랍고
남풍처럼 온화하지요.
메마른 산과 목마른 들판을 적시는
빗줄기처럼 시원하답니다.

겨울이 봄에게 자리를 내주고
여름이 성큼 다가서는 가을 앞에 달아나듯이
내 사랑스런 여인의 얼굴도
계절과 세월 따라 변해 갈 것입니다.
하지만 사랑은 철 따라 변함이 없고
오직 영원불멸의 봄날만 빛날 뿐입니다.

_ B. 부스

마음 챙김

사랑하는 사람은 그가 무엇을 하던 사랑스럽고 다 예뻐 보인다. 이 시의 시적 화자도 사랑하는 이에 대한 자신의 마음을 잘 드러내고 있다. 나아가 시간의 흐름에 따라 계절이 바뀌고, 세월이 지남에 따라 사랑하는 이의 얼굴도 변하겠지만 사랑은 언제나 봄날처럼 변함없을 것이라는 확신을 보여준다. 그렇다. 언제나 변함없는 사랑, 그것이 진정한 사랑인 것이다.

시간이 흐를수록

시간이 흐를수록
나는 더욱더
그대 없는 삶의
황량함을 느끼게 됩니다.

시간이 흐를수록
나는 더욱더
그대 없는 삶이란
불가능함을 깨닫게 됩니다.

_ 제임스 헤크먼

마음 챙김

사랑하는 사람은 세월이 지나도 여전히 사랑스럽다. 그런 까닭에 그 사랑은 늘 푸른 소
나무처럼 삶을 지켜주고, 행복으로 이끌어 준다. 그러다 보니 사랑하는 사람이 더욱 소
중하게 생각된다. 그래서 사랑하는 이가 없는 삶은 불가능하다고 시적 화자는 말한다.
그렇다. 사랑하는 이는 세상을 살아가게 하는 힘이며 절대적인 존재인 것이다.

. . .

언제나 당신과
함께이고 싶습니다

나는 당신을 사랑하고 있고
언제나 당신과 함께 있고 싶습니다.
인생의 모든 즐거움과 마음의 고통을
당신과 함께 나누며……

어떤 계획도 함께 설계하고
각자의 꿈도 함께 나누어요.
당신을 도우며 위로하고 싶고
사랑하고 싶습니다.
나는 언제나 당신과 함께이고 싶습니다.

_ 돌리 파톤

마음 챙김

사랑하는 사람과 언제나 함께 있고 싶은 것은 당연하다. 사랑하는 이는 모든 것을 함께 할 수 있는 유일한 존재인 까닭이다. 그런 까닭에 삶도 함께 계획하고, 꿈도 함께 하며, 도움을 주고 위로도 해주는 따뜻한 사람이 바로 사랑하는 사람이다. 그러니 언제나 사랑하는 이와 함께 하고 싶은 것인 지극히 당연한 것이다. 사랑하는 이와 늘 하께 하는 당신이 되라.

. . .

미라보 다리

미라보 다리 아래 세느강은 흐르고
우리의 사랑도 흘러내린다.
마음속 깊이깊이 아로새겨라.
기쁨 앞에 언제나 괴로움이 있음을.

밤이여 오라, 종아 울려라.
세월은 가도 나만 머문다.

손에 손을 맞잡고 얼굴 대하면
우리의 팔 밑 다리 아래로
영원의 눈길 지친 물살이
천천히 하염없이 흘러내린다.

밤이여 오라, 종아 울려라.
세월은 가고 나만 머문다.

. . .

사랑이 흘러 세느 강물처럼
우리의 사랑도 흘러만 간다.
어찌하여 삶이란 이다지도 지루한 것인가.
희망이란 또 왜 격렬한가.

밤이여 오라, 종아 울려라.
세월은 가고 나만 머문다.

날빛도 흐르고 달빛도 흐르고
오는 세월도 흘러만 가니
우리의 사랑은 가고 오지 않고
미라보 다리 아래 세느강만 흐른다.

밤이여 오라, 종아 울려라.
세월은 가고 나만 머문다.

_ **기욤 아폴리네르**

마음 챙김

미라보 다리는 프랑스 파리 세느강에 있는 다리로, 이 시를 읽다 보면 매우 아름다운 다리라고 느끼게 된다. 낭만적이고 예술적 가치를 지닌 세느강. 하지만 시적 화자는 사랑하는 연인을 떠나보내고, 사랑의 상처를 안고 세느강을 거닌다. 생각하는 것만으로도 마음이 짠하게 다가온다.

. . .

사랑하는
내 당신이여

사랑하는
내 당신이여
나의 슬픔은
당신의 슬픔이 되지만
당신의 기쁨은
나에게 기쁨이 되지 못하고
오히려 슬픔이 되고 있습니다.

사랑하는
내 당신이여
당신이 꽃이라면
나는 꽃에서 떨어져 나뒹구는 꽃잎이기에
당신과 못다 이룬 사랑의 슬픔으로
가득한 내 마음은
언제나 당신의 기쁨조차

. . .

슬픔으로 느껴지는 것입니다.

사랑하는

내 당신이여

당신이 저 뜨거운 태양이라면

나는 밤에만 떠오르는 달이기에

영영 만날 수 없는 슬픔에 젖어

언제나 아픔을 노래할 것입니다.

_ 존 밀턴

마음 챙김

사랑하는 이와 함께 하지 못하는 시적 화자의 마음이 매우 안타깝게 다가온다. 이 시에서 보듯 사랑을 잃은 사람은 모든 것을 잃은 듯 슬픔에 젖고, 고통스러워한다. 이런 사랑은 깊은 마음의 상처를 주기에 사랑을 잃지 않도록 노력해야 한다. 모든 것이 그러하듯 사랑도 노력으로 오기 때문이다.

. . .

한 순간만이라도

단 한순간만이라도

그대와 내가

서로 뒤바뀌었으면 좋겠어요.

그래야 그대가 알게 될 테니까요.

내가 그대를

얼마나 사랑하고 있는지를요.

_ D. 포프헤

마음 챙김

역지사지(易地思之)라는 말이 있다. 서로의 입장을 바꿔 생각하는 것을 이르는 말이다. 이 시에서 시적 화자는 사랑하는 이와 바뀌었으면 하고 바란다. 왜일까. 그래야 사랑하는 이를 진정으로 사랑하는 것을 알게 되는 까닭이다. 그렇다. 서로의 입장을 바꿔 사랑하는 이의 마음이 되어보라. 그러면 사랑하는 이를 진정으로 이해하게 될 것이다.

그대 눈 속에

그대 눈 속에
나를 쉬게 해줘요.
그대 눈은 지상에서
가장 고요한 곳

그대의 검은 눈동자 속에
살고 싶어요.
그대의 눈동자는
포근한 밤과 같은 평온

_ M. 다우체다이

마음 챙김

눈은 사람을 보고, 사물을 보는 가장 중요한 신체 중 하나이다. 그런데 이 시의 시적 화자는 사랑하는 이의 눈 속에서 쉬고, 검은 눈동자 속에 살고 싶다고 말한다. 이는 무엇을 말하는가. 사랑하는 이의 눈에 자신을 고정시켜놓고 싶음을 말한다. 즉 사랑하는 이의 사랑을 온전히 갖고 싶음을 뜻한다고 하겠다.

. . .

사랑의 비밀

사랑을 말하려고 하지 말아요.
사랑은 말로 할 수 없는 것
어디서 오는지 알 수도 없고
눈에도 뵈지 않는 바람 같은 것

그 전날 사랑을 말하였지요.
내 마음의 사랑을 말하였더니
아, 그녀는 왜 그랬는지
내 곁을 떠나고 말았어요.

그녀가 내게서 떠나간 뒤에
나그네 한 사람 찾아오더니
어디로 가는지 알 수도 없게
한숨 지며 그녀를 데려갔다네.

_ 윌리엄 블레이크

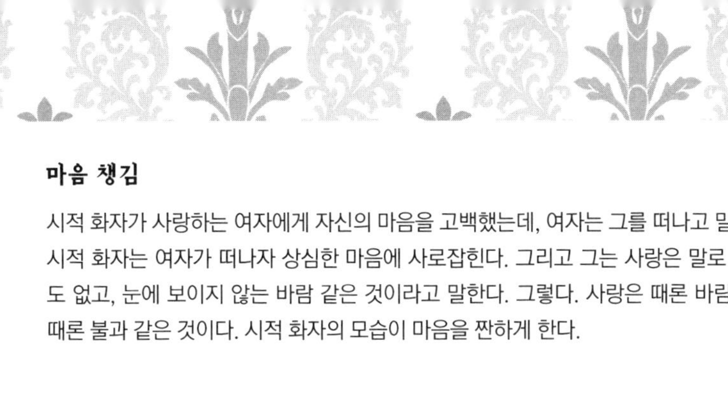

마음 챙김

시적 화자가 사랑하는 여자에게 자신의 마음을 고백했는데, 여자는 그를 떠나고 말았다. 시적 화자는 여자가 떠나자 상심한 마음에 사로잡힌다. 그리고 그는 사랑은 말로 할 수도 없고, 눈에 보이지 않는 바람 같은 것이라고 말한다. 그렇다. 사랑은 때론 바람 같고 때론 불과 같은 것이다. 시적 화자의 모습이 마음을 짠하게 한다.

. . .

그대를 처음 보았을 때

나는 아주 특별한 방식으로
그대에게 이끌렸습니다.
그대를 처음 보았을 때 나는
그대가 이런저런 얘기를 하던 것이,
나에 관한 이야기이고
그리고 나 자신에 대해 얘기하도록 만들었던
그 방식이 마음에 들었답니다.
그대는 내게 여러 가지를 물었고
가끔씩 그 질문들은 나를 당황스럽게 하였지만
나는 그 당황스러움마저도 좋았습니다.
그 까닭은 그대의 훌륭한 정신과
모든 것을 말해 주는 그 자상한 이해심 때문이었습니다.
나는 많은 사람들을 알고 있었습니다만
그대를 가장 좋아하였답니다.

_ 칼릴 지브란

마음 챙김

시적 화자가 그대를 처음 보았을 때 시적 화자는 그대가 이런저런 얘기를 하던 것이, 시적 화자에 관한 이야기이고 그리고 나 자신에 대해 얘기하도록 만들었던 그 방식이 마음에 들었다고 말한다. 그 이유는 "그대의 훌륭한 정신과 모든 것을 말해 주는 그 자상한 이해심 때문이었습니다."라고 말한다. 그렇다. 사랑은 자상한 이해심을 따를수록 더욱 깊어진다.

· · ·

나는 알고 있습니다

그대가 나를
이렇게 만들었습니다.
오늘도
나를 살아가게 만드는 힘들은
모두 그대가 만들어 놓았습니다.

내 모든 것이
그대로 인하여
변했다는 것을
나는 알고 있습니다.

_ D. 스틸

마음 챙김

사랑하는 사람은 그가 사랑하는 사람에겐 절대적인 존재이다. 이 시의 시적 화자 또한
자신이 사랑하는 이가 자신에게 힘을 줌으로써 오늘을 잘 살아가고 있다고 말한다. 그리
고 사랑하는 이로 말미암아 자신의 삶 모든 것이 변했다고 고백한다. 이것이 바로 사랑
의 힘인 것이다. 그렇다. 사랑은 자신도 사랑하는 이에게도 힘이 되고 삶을 변화시키는
근원인 것이다.

현명한 사람

행복과 불행은

크기가

미리부터 정해져 있는 것은 아닙니다.

다만 그것을 받아들이는

사람의 마음에 따라서

작은 것도 커지고

큰 것도 작아질 수 있는 것입니다.

가장 현명한 사람은

큰 불행도 작게 처리해 버립니다.

어리석은 사람은

조그만 불행을

현미경으로 확대해서

스스로 큰 고민에 빠진답니다.

_ 라로시푸코

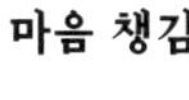

마음 챙김

행복과 불행의 크기는 그것을 받아들이는 사람의 입장에서 크게 작용한다는 것을 알 수 있다. 옳은 말이다. 같은 행복도 크게 받아들이면 더 큰 행복을 느끼게 되고, 작게 받아들이면 작게 느낀다. 불행도 그것을 작게 받아들면 작게 느끼고 크게 받아들이면 크게 느끼게 된다. 그런 까닭에 행복은 더 크게 받아들이고 불행은 더 작게 받아들인다면 그만큼 더 큰 행복과 불행은 더 작게 느끼게 됨으로써 살아가는데 큰 도움이 될 것이다.

. . .

매화를
그리다

종이 위에 붓 휘두르니 묵색 산뜻한데
매화 몇 점 그려놓으니 참으로 즐겁구나.
하늬바람에 실어 멀리멀리 날려서
집집마다 거리마다 봄 활짝 피게 하고파라.

_ 이방응

마음 챙김

이 한시를 보면 작자作者가 매화를 그려 놓고 그 그림의 담백함에 스스로가 즐거워하여, 바람에 실어 멀리멀리 날려서 집집마다, 거리마다 매화의 향을 전하고파 하는 마음이 잘 나타나 있다. 자신이 그림을 그려놓고 그 즐거움을 이웃과 함께 나누고 싶어 하는 이 소박함이 얼마나 순수하고 아름다운 마음인지, 나는 이 한시를 통해 다시금 사람 사는 정이 무엇이며 삶의 참된 가치가 무엇인지를 새삼 깨달았다. 사람들은 내가 많은 것을 가지고 있어야 다른 사람에게 나누어 줄 수 있다고 믿는 것 같다. 그러나 없는 사람들이 오히려 나누는 마음 가까이에 있다는 것을 알 수 있다. 이러한 마음이 이 한시에서 보여준 작자의 마음이 아닐까 한다. 매화 향까지 나누고 싶은 그 마음, 그 향기로운 마음이 우리의 이웃과 우리의 삶을 훈훈하게 했으면 좋겠다.

. . .

관창서

양곡 창고 늙은 쥐가 말﹢만 한데

사람이 창고 문 열고 들어와도 달아나질 않는구나.

병사들 군량미가 없고 백성들은 굶주리는데

뉘라서 아침마다 네놈 입에 먹을 것을 가져다 바치느냐.

_ 조엽

마음 챙김

아득한 옛날도 지금처럼 부정부패가 만연했음을 이 한시를 통해서 잘 알 수 있다. 부정부패는 동서양을 막론하고 막을 수 없는 하나의 커다란 물줄기와도 같은 것이다. 국민을 돌보고 국가의 안위를 위해 그리고 국가이 발전에 전심전력헤야 히는 고가지도자나 공무원 관리들이, 검은 돈에 눈이 멀어 제 할 일을 다 하지 못하고 뇌물청탁에 빠져 허우적거린다면, 그 사회와 그 나라의 현실은 암울할 것이다. 이 한시에서 보면 부정부패한자를 늙은 쥐에 비유했고, 그 크기가 말만하다고 했다. 병사와 백성들이 먹을 것이 없어 굶주리는데도 제 뱃속만 채우는 부정부패한 자들의, 더러운 행위를 신랄하게 비판하는 이 한시는 시공을 초월하여 현 시대에도 정문일침의 교훈을 준다.

도연명 잡시

청춘은 다시 돌아오지 않고
새벽은 하루에 한 번뿐이다.
좋은 시절에 부지런히 힘쓸지니
세월은 사람을 기다려 주지 않는다.

_ 도연명

마음 챙김

도연명의 표현대로 한 번 지나간 청춘은 두 번 다시 돌아오지 않는다. 그는 시간의 소중함을 깊이 깨달아 시간 낭비를 스스로도 엄격하게 다스렸다. 그의 대표작이라고 할 수 있는 〈귀거래사〉는 고향을 떠나 살다 다시 고향으로 돌아가는 시적 화자의 마음이 절절하게 배어 있어 읽는 이들의 마음을 잔잔하게 울린다. 도연명은 29세에 벼슬길에 올랐지만 늘 전원생활을 동경했다. 그로부터 10여 년을 흘려보낸 뒤 그의 나이 41세에 누이의 죽음을 구실로 관직을 사임하고 낙향하였다.

동심초同心草

꽃잎은 하염없이 바람에 지고

만날 날은 아득타, 기약이 없네.

무어라 몸과 맘은 맺지 못하고

한갓되이 풀잎만 맺으려는 고.

_ 설도

마음 챙김

이 시는 7세기 중국 당나라의 명기(名妓)이면서 여류시인인 설도(薛濤)의 작품을 김안서
가 번역한 것으로, 작곡가 김성태가 1945년 작곡하여 널리 알려졌다. 광복 이후 민족적
인 서정을 강조하며 지은 노래로 교과서에도 실려 학창 시절을 보낸 사람이라면 누구나
기억할 만큼 널리 알려진 가곡이다. 그리움에 대한 서정적인 시의 말이 가슴을 절절하게
만든다.

난초를 바라보며

창가에 난초
어여쁘게 피어나

잎과 줄기
어찌나 향기롭던지

하지만 서녘 바람이
한 번 스쳐 흩날리자

슬프게도
가을 서릿발에 다 시들고 마네

빼어난 그 자태는
시들어 파리해져도

맑은 향기만은
끝내 사라지지 않으리니

그 모습을 바라보다
내 마음이 쓰라려

눈물이 뚝뚝 떨어져
옷소매를 적시네

_ 허난설헌

마음 챙김

난초는 꽃 중에서도 그 기품을 높이 사는 꽃으로, 마치 의기롭고 고고한 여성을 보는 것
같은 매력이 있다. 그런 까닭에 예로부터 기품이 있는 여성을 난에 비유하곤 했다. 이 시
를 지은 허난설헌은 그 문장이 뛰어나 중국에 널리 알려진 문재文才이다. 그녀는 여성
으로 태어나 자신의 뜻을 펼치지 못한 것에 대한 아쉬움에 절절한 심정을 안으로 새기
며 한 남자의 아내로 아이의 어머니로 살았다. 그러다 스물일곱 되던 해 세상을 떠나고
말았다. 이 시는 그러한 자신의 심정을 난을 통해 은연히 드러내 보인다. 그것을 잘 알게
하는 것이 어여쁘게 피어난 난이 고운 향기를 발하다, 가을이 오자 서릿발에 시들고 만
다. 하지만 난은 자태는 시들어 볼품이 사라져도 그 향기만은 여전하니 그것을 바라보다
마음이 쓰라려 눈물짓는다는 표현이다. 이는 자신의 절절한 심정을 간접적으로 나타낸
것으로, 여자로 태어난 것에 대한 한恨이 함축적으로 잘 나타나 있다 하겠다.

. . .

제3부

동양고전에서
가려 뽑은
명문장

길은 가까운 곳에 있다

덕망 있는 자

덕망이 있는 자가 사람을 대할 줄 안다.

높게 처하려면 말에 있어서

사람들에게 겸손해야 한다.

사람들을 인도하려면 사람들의 앞에서가

아니라 뒤에서 해야 한다.

그러므로 덕망이 있는 자가 사람을 대할 줄 안다.

훨씬 앞에 있어도 그 사람들은

그렇게 거북하게 생각되지 않는다.

따라서 덕망이 있는 자는 누구와도 다투지

아니함으로써 이 세상 아무도 그와 다투지 않는다.

_〈도덕경〉

마음 챙김

덕(德)의 사전적 의미는 '도덕적, 윤리적 이상 실현을 위한 사려 깊고 인간적인 성품'을 말한다. 동서양 어디든 덕은 반드시 갖춰야 할 인간의 품성이다. 그런 까닭에 동서양의 존경받는 성현들은 하나같이 덕망을 갖춘 사람들이었다는 것을 알 수 있다. 덕은 스스로를 존경받게 하는 성품이다. 덕망 있는 사람이 되기 위해 몸과 마음을 닦는 일에 소홀함이 없어야겠다.

. . .

최상의 선

최상의 선은 물과 같은 것이다.

물은 만물에
이로움을 주지만 다투는 일이 없고,
모두가 싫어하는 곳에 처한다.

그런 까닭에 물은 도에 가깝다.

_《도덕경》

마음 챙김

물처럼 나를 살 수 있다면 그것이야말로 진정한 성공이라고 할 수 있다. 그만큼 힘든 삶
이 물처럼 살아가는 것이기 때문이다. 그러나 할 수만 있다면 거칠고 메마른 땅을 촉촉
이 적셔 생명을 품게 하는 물처럼 살아야 한다. 그것은 인간이기에 할 수 있는 일이며,
도리이기 때문이다.

. . .

정도를 지키기

발꿈치를 들고

까치발로 서 있는 사람은

오래 서 있지 못하고,

다리를 크게 벌리고 걷는 사람은

오래 걷지 못한다.

똑똑한 척하는 사람은 환함이 없고,

잘 난 척하는 사람은 남이 알아주지 않는다.

뽐내는 사람은 칭찬받지 못하고,

교만한 사람은 크게 성장하지 못한다.

_《도덕경》

마음 챙김

바른 마음을 기르기 위해서는 헛된 생각을 멀리하고, 일일삼성(一日三省)이란 말이 있듯, 하루에도 몇 번씩 자신을 살핌으로써 잘 못한 것은 반성하여 바로잡아야 한다. 또 마음을 어질게 하는 일에 힘쓰고, 마음을 어지럽히는 부정적인 것엔 눈길을 주지 말아야 한다. 이처럼 몸과 마음을 닦는 일에 열의를 갖고 행하면, 바른 마음을 갖게 되는 자신을 발견하게 될 것이다.

세상에서 가장 강한 것

세상에서 가장 부드러운 것이

가장 단단한 것을 녹이고 부술 수 있다.

형태가 없는 것은 틈이 없는 곳으로

들어갈 수 들어갈 수 있다.

이로써 나는 억지로 하지 않는 것이

얼마나 큰 힘이 있는지를 안다.

말을 하지 않는 가르침과

무위의 삶의 유익함의 예로

이 세상에서 물을 따를 만한 것은 없다.

_〈도덕경〉

마음 챙김

사람에게 있어 덕은 물과 같은 것이다. 그래서 덕을 갖춘 사람은 어디에나 적응하고, 자신을 거기에 맞출 줄을 안다. 그러다 보니 그를 낮춰보거나 무시하는 사람이 없다. 덕은 어질고, 유유하고, 순리적이며 따뜻하다. 그런 까닭에 가장 강한 사람은 덕을 지닌 사람인 것이다. 그렇다. 물과 풀처럼 부드러운 것이 진정 강하다. 강한 사람이 되고 싶다면 덕을 갖춰야 한다.

. . .

진실이 담긴 말

진실이 담긴 말은 꾸밈이 없고

듣기 좋게 꾸민 말에는 진실이 없다.

도道를 터득한 사람은 따지지 않고

논리적으로 따지는 사람은

도를 알지 못하는 사람이다.

핵심을 아는 사람은 군말이 없고 복잡하게

이것저것 떠벌이는 사람은

핵심을 모르는 사람이다.

_《도덕경》

마음 챙김

한 마디로 진실이란 꾸밈이 없어야 하고, 꾸밈이 있는 말은 아무리 번지르르 하여도 진실이 되지 못한다. 진실을 말하는 이는 도(道)를 아는 자이다. 그런 까닭에 언제나 진실을 말하고, 그 어떤 최악의 상황에서도 진실을 외면하지 않는다. 진실은 언제나 변함이 없다는 것을 잘 아는 까닭이다. 진실을 말하는 입이 되어야 한다. 진실은 언제나 옳기 때문이다.

. . .

즐기면서 하라

아는 것은
좋아하는 것만 못하고,

좋아하는 것은
즐기는 것만 못하다.

_《논어》

마음 챙김

즐긴다는 것이 큰 효과를 내는 것은, 즐거움 속엔 인간의 상식을 뛰어넘는 긍정의 에너지가 끝도 없이 분출되기 때문이다. 그 에니지기 즐기움을 한층 더 끌어올려 좋은 결과를 낳게 하는 것이다. 그렇다. 공부든, 문학이든, 피아노든, 연극이든, 영화든 그 무엇일지라도 즐기면서 하면 더 흥이 나고 행복하다. 자신이 하는 일을 능률적으로 하면서 좋은 결과를 얻기 위해서는 즐기면서 하라.

. . .

과오를 숨기지 마라

아무리
작은 과오過誤라도
결국에는 다 나타난다.

숨기더라도 늦거나
이르거나 간에
모두 나타나고 만다.

_〈논어〉

마음 챙김

본의 아니게 실수를 하거나, 자신도 모르게 잘못을 하는 경우가 있다. 이럴 땐 솔직하게 잘못을 인정하고, 용서를 구하는 것이 자신을 위해서 백번 천 번 옳다. 그렇다. 세상에 비밀은 없다. 낮말은 새가 듣고 밤말은 쥐가 듣는다고 했다. 그러기에 잘못을 하면 숨기지 말고 털어놓아야 한다. 그것이 자신을 위해 지혜로운 일임을 가슴에 새겨 행해야 할 것이다.

. . .

우리의 일생

등에 무거운 짐을 짊어지고
먼 길을 가는 것이 인생이다.

그러므로 우리는 일생을
급히
달리지 말고 천천히 가야 한다.

_《논어》

마음 챙김

인생은 짧은 것 같지만 결코 짧지 않다. 그 길을 가기 위해서는 수많은 일들을 경험하게
된다. 그리고 기쁨과 고난이 수시로 교차한다. 그런 까닭에 지혜롭게 그 길을 가는 자신
만의 방법을 터득해야 한다. 단, 한 가지 분명한 것은 급히 먹는 밥에 체하듯 절대 서두
르지 말라는 것이다. 이를 마음에 새겨 실천하고 노력한다면, 자신이 가고자 하는 그곳
을 향해 잘 가게 될 것이다.

. . .

지자와 인자

지각이 있는 자는 맑기가 물과 같으며,

어진 자는 그 마음의 푸름이 산과 같으니,

지각이 있는 자는 사람을 움직이고

어진 자는 항상 그 태도가 고요하다.

그러기에 지자知者는 마음이 즐거우며

인자仁者는 그 수명이 길다.

_〈논어〉

마음 챙김

지(知)라는 것은 깨달음이며, 인(仁)은 어진 마음으로, 이는 성숙한 사람이라면 반드시 지녀야 한다. 지는 갖췄는데 인을 갖추지 못했거나, 인은 갖췄는데 지를 갖추지 못했거나 한다면 부족한 부분을 반드시 채워야 한다. 그렇게 될 때 온전한 '나'로 살아가게 된다.

. . .

하늘의 법칙

참으로 완전한 것은 하늘의 법칙이다.

그러므로 자기완성 즉 하늘의 법칙을

깨닫기 위해서 항상 끊임없이

자기완성을 위해서 노력하는 사람은 성인이다.

성인은 선과 악을 구별할 줄 안다.

그는 선은 찾아내고

그 선을 잃지 않으려고 항상 노력한다.

_〈논어〉

마음 챙긴

사람은 불완전한 존재이다. 그것이 사람이 신이 되지 못하는 이유다. 그래서 인간의 삶엔 완전한 것이 없다. 그러나 노력 여하에 따라 완전한 삶 즉 자기완성을 할 수는 없으나 그에 가까이 이를 수는 있다. 우리는 그것을 성인(聖人)이라고 부른다. 여기서 분명히 할 것은 성인은 현자(賢者)이지 신이 아니라는 것이다. 그러니까 신에 가까이 이르는 인간이라고 보면 된다. 그런 까닭에 끊임없이 자기완성을 위해 노력해야 하는 것이다.

. . .

대인과 소인

사람을 가리켜 혹은 대인이라 하고
혹은 소인이라 하는데 그것은 마음을
어질게 가지면 대인이 되고
어질지 않으면 소인이 되는 것이다.

_〈맹자〉

마음 챙김

대인(大人)이란 말과 행실이 바르고 점잖으며, 덕이 높은 사람을 이르는 말이다. 소인(小人)이란 도량이 좁고 행실이 바르지 못하고, 덕을 갖추지 못한 사람을 이르는 말이다. 대인은 도량이 넓고 덕을 갖춰 언행이 바르고 한 치의 흐트러짐이 없다. 성인이니 군자니 하는 사람은 대인의 풍모를 갖춘 사람이다. 덕이 있는 사람은 어질다. 그래서 넉을 갖춘 사람에게 적(敵)이 없다.

대장부가 되라

부귀를 누려도 방탕하지 말 것이며,

비천해도 지조를 버리지 말 것이며,

싸움터에서 굴하지 아니하면,

이는 곧 대장부다운 행동이라 하겠다.

_〈맹자〉

마음 챙김

대장부(大丈夫)란 건장하고 씩씩한 사내를 일컫는 말이다. 그런 까닭에 대장부는 불의 앞에 정의롭고, 기개가 있어야 한다. 다시 말해 대장부는 대장부다워야 하는 것이다. 그래야 대장부로서의 부끄러움이 없고, 가치를 지니게 된다. 그렇다. 대장부로 살려면 대장부답게 행동하는 것, 그것이야말로 대장부로서의 자세라고 할 수 있다.

. . .

길은 가까운 곳에 있다

길은 가까운 곳에 있다.

그런데 사람들은

헛되게도 멀리서 찾고 있다.

일은 해보면 쉬운 것이다.

시작을 하지 않고

미리 어렵게만 생각하고 있기 때문에

할 수 있는 일도 놓치는 것이다.

_《맹자》

마음 챙김

길은 가까운 곳에 있다. 그런데 길을 가까운 곳에 두고도 멀리서 찾으려 하는 이들이 있다. 자신이 원하는 길을 놓치지 않기 위해서는 헛된 생각을 버려야 한다. 헛된 생각을 하는 한 그 일은 할 수 없기 때문이다. 그렇다. 자신이 좋아하고 잘할 수 있는 일을 해야 한다. 그것이 자신을 진정으로 아끼고, 위하는 일이기 때문이다.

. . .

더 많이 실수하라

수많은 작은 실수가

커

다

란 성공을 이끌어내는 법이다.

_《맹자》

마음 챙김

성공한 인생들은 하나같이 실수와 실패를 딛고 일어선 공통점을 갖고 있다. 실수와 실패를 딛고 일어서면 성공의 이름을 쓸 수 있지만, 좌절하고 주저 앉으면 절망이란 이름을 쓸 뿐이다. 그렇다. 너무나 빤한 이야기이지만 우리는 늘 잊고 산다. 실수와 실패는 누구나 한다는 것을. 실수와 실패에 절대 좌절하지 말고, 성공의 에너지로 삼을 때 원하는 인생을 살게 되는 것이다.

. . .

상대를 통해 자신을 보라

그대가 훌륭한 사람을 대할 때,

그 사람이 가진 덕을

자기 자신도 가지고 있는가 생각해보라.

그리고 나쁜 사람을 대할 때,

그 사람이 지은 죄가 자기에게도

있지 않은지를 돌아보라.

_《맹자》

마음 챙김

훌륭한 사람을 대할 땐 그 사람이 가진 덕이 자신에게 있는지를 살펴봄으로써 만일 자신에게도 그와 같은 덕이 있다면 더욱 그 덕을 갈고닦아 훌륭한 인품을 쌓도록 해야 한다. 그리고 나쁜 사람을 대할 땐 그 사람이 지은 죄가 자신에게도 있는지를 살펴보아 만일 있다고 한다면 노력해서 고치도록 해야 한다. 그래야 자신에게 있는 죄를 떨쳐내고 훌륭한 인품을 기르는 데 도움이 되기 때문이다.

. . .

노력과 배움의 중요성

아무리 작은 것도
이를 만들지 않으면 얻을 수 없고
아무리 총명하더라도
배우지 않으면 깨닫지 못한다.
노력과 배움
이것 없이는 인생을 밝힐 수 없다.

_《장자》

마음 챙김

인생을 살아가는데 노력과 배움은 절대적이다. 노력이 없으면 그 어떤 것도 이루지 못하고, 배움이 없이는 삶을 깨치지 못한다. 그것은 밝은 태양 아래에서도 암흑을 사는 것과 같다. 그런 까닭에 배워야 하는 것이다. 그렇다. 배움이란 인생을 살아가는데 있어 빛과 같다. 여기서 한 가지 분명히 할 것은 배움을 어느 일정한 기간만 배우는 것이 아니다. 평생을 배워도 부족한 것이 배움인 것이다. 배움을 통해 자신의 인생을 세상의 빛이 되게 하라.

. . .

마음 비우기

음악 소리는 피리 건 종이건
모두 그 빈 곳 공허에서 나온다.

사람의 마음도 비우지 않으면
참된 마음이 나오지 않는다.

_〈장자〉

마음 챙김

참된 마음을 갖기 위해서는 수시로 기도와 묵상, 휴식을 통해 일상생활에서 쌓인 온갖
때 낀 마음들을 비워내야 한다. 그래야 텅 빈 마음에 새로운 마음이 늘어보게 뇌고, 평화
로운 마음을 갖게 된다. 이 평화로운 마음이 곧 참된 마음인 것이다.

. . .

인내하고 인내하라

인내함으로써

성사되는 것을 본 적이 있지만,

분노함으로써

이루어진 것을 일찍이 본 적이 없다.

_《장자》

마음 챙김

인내하지 못하면 아무리 재능이 출중하고, 좋은 여건을 갖추었다고 해도 좋은 결과를 내기 어렵다. 인내는 재능과 좋은 여건이 낼 수 없는 생산적인 에너지를 갖고 있기 때문이다. 하지만 분노는 지혜를 가로막는 장애와 같다. 분노를 하게 되면 이성을 잃어 함부로 말하고 행동하게 된다. 사람들 사이에 일어나는 대부분의 분쟁은 분노로 인한 말과 행동 때문이다. 분노를 절제해야 하는 이유 역시 여기에 있다. 분노로 인한 말과 행동을 억제하면 인생에서 일어나는 대부분의 불행을 막을 수 있다.

. . .

수양 쌓기

사람이

수양을 쌓을수록

뜻과 이상이 크고

식견識見이 밝아서

충성스럽고 의로운 사람이 된다.

_〈장자〉

마음 챙김

바른 성품으로 자신의 삶을 올곧게 하며, 부끄러움이 없는 삶을 살기 위해서는 늘 자신의 몸과 마음을 살피는 일에 힘써야 한다. 그것이야말로 스스로를 덕이 되게 하는 참 도리인 것이다. 그렇다. 수양은 몸과 마음을 닦는 가장 좋은 수단이다. 그런 까닭에 수양하는 일에 힘써야 하는 것이다.

. . .

그릇을 크게 하라

작은 주머니에는

큰 것을 넣을 수 없다.

짧은 두레박줄로는

깊은 우물의 물을 퍼 올릴 수가 없다.

이처럼 그릇이 작은 사람은

큰일을 할 수 없다.

_《장자》

마음 챙김

그릇이 크면 많은 음식을 담을 수 있다. 하지만 작은 그릇은 많은 음식을 담을 수 없다. 어떤 그릇이든 그릇은 꼭 그 크기만큼만 담을 수 있다. 사람 또한 마찬가지다. 그릇이 작은 사람은 자신의 그릇만큼만 일을 도모할 수 있다. 절대로 큰일을 도모할 수 없다. 그릇이 큰 사람이라야 큰일을 도모할 수 있는 것이다. 자신의 삶의 그릇을 크게 하기 위해서는 담대한 마음과 너그러운 마음으로 이타적인 삶을 살아야 한다. 그래야 자신뿐만 아니라 타인을 이롭게 하고, 사회를 이롭게 함으로써 가치 있는 삶을 살게 될 것이다.

. . .

본심을 꿋꿋이 하라

귀는 고운 소리를 듣고,

눈은 아름다운 빛깔을 본다.

하지만 이 눈과 귀는 밖에 있는 도둑이다.

그리고 속에 있는 욕심이나 야심은

안에 숨어 있는 도둑이다.

그러나 우리의 본심만 꿋꿋하면

그 도둑들은 얼씬도 못한다.

_《채근담》

마음 챙김

본심 즉 심지(心地)가 굳으면 그 어떤 일로부터도 자신을 지켜낼 수 있다. 그런 까닭에 마음을 굳게 하고, 볼 것만 보고 들을 것만 듣고, 욕심도 야심도 내려놓으면 된다. 이것이 자신을 불의한 일로부터 지켜낼 수 있는 최선의 지혜인 것이다.

. . .

기뻐하고 즐거워하라

사나운 바람과

성난 빗줄기에는 새들도 근심하고,

활짝 갠 날씨와 따뜻한 바람에는

초목도 기뻐하고,

천지에는 하루도

온화한 기운이 없어서는 안 되며,

사람에게는 하루도

기뻐하는 마음이 없어서는 안 된다.

_《채근담》

마음 챙김

행복은 누가 주기도 하지만 그런 행복은 잠시뿐이다. 오래가는 행복은 자신이 만드는 것이다. 자신의 삶을 기쁨으로 채우고 즐겁게 한다면 행복은 자연히 따라오는 삶의 축복인 것이다. 그런 까닭에 누군가가 나를 행복하게 해 주길 바라지 말고, 자신이 스스로를 기쁘게 하고 즐겁게 해야 하는 것이다.

. . .

행복이 오는 곳

행복은 구해서

얻어지는 것이 아니다.

그런데 행복은 누구의 손에든지

잡힐만한 곳에 있다.

불행은 피할 수 없다.

그러나 마음속에 만족을 얻지 않으면

행복을 얻을 수 없다.

_《채근담》

마음 챙김

만족(滿足)의 사전적 의미는 '마음의 흡족함'이다. 그렇다면 흡족하다는 것은 무엇을 말함인가. 즉 모자람이 없이 마음이 충만함을 말한다고 하겠다. 그러면 충만한 마음이 사람에게 어떤 영향을 미치는 걸까. 한 마디로 말해 아주 절대적이라고 할 수 있다. 그런 까닭에 마음으로부터 만족을 얻기 위해서는 행복하기 위해 끊임없이 노력해야 하는 것이다.

겸손한 마음

마음은 겸손하고

허탈하게 가져야 한다.

마음이 겸손하고 허탈하면 곧

의리라는 것이 들어와 자리 잡는다.

마음속에 의리라는 것이 들어와

자리를 잡게 되면,

자연 그 마음속에

허욕이라는 것이 들어가지 못한다.

_《채근담》

마음 챙김

마음이 겸손하면 허욕이 들어오지 못하고, 아무리 헛된 것이 미혹을 해도 넘어가지 않는다. 겸손은 인격의 근본이며, 인격의 완성체이다. 그렇다. 마음을 겸손히 함으로써 의리를 기르고, 그 의리로써 허욕으로부터 자신을 지켜야 한다. 그래야 헛된 길로 가지 않고 온전한 나를 살게 된다.

. . .

때가 되면 대가가 주어진다

착한 일을 할지라도

아무 보답이 없는 수가 있다.

그러나 그것은 단호박같이 남모르게

풀 속에서 점점 자라나는 것이니

언젠가는 보답이 있을 것이다.

반대로 악한 일을 할지라도

아무 죄과를 받지 않는 것 같으나,

그것은 마치 뜰 앞에 쌓인 봄눈과 같아서

어느 땐가는 세상에 드러나기 마련이다.

_《채근담》

마음 챙김

착한 일과 악한 일을 하면 반드시 그에 상응하는 대가를 받는다. '선(善)'을 심으면 '선'한 것으로 받고, '악(惡)'을 심으면 '악'한 것으로 받는다. 하지만 많은 사람들이 이에 대해 말하곤 한다. 즉, 악행을 일삼는 자가 버젓이 살아서 오히려 더 잘 되는 걸 보고, 이 모든 이야기가 하나의 쓸데없는 이야기에 불과하다고 말이다. 하지만 결국은 비참한 말로를 보이게 된다. 이것이 삶의 법칙인 것이다. 그런 까닭에 선한 삶을 살면 반드시 그 대가가 주어진다는 것을 잊어서는 안 될 것이다.

. . .

큰 도리를 행하다

큰 도리를

지키기 위하여,

부모나 형제도 돌아보지

아니하다.

_《춘추좌씨전》

마음 챙김

대의멸친(大義滅親)이란 '큰 도리를 지키기 위하여 부모나 형제도 돌아보지 아니하다,라는 뜻이다. 이 말의 의미에 대해 좀 더 부연하면 성의롭고 큰일을 할 때는 혈육의 사사로운 정을 생각지 않는다는 의미이다. 이 말은 위(衛)나라의 서작은 반란을 일으켜 군주가 된 주우를 미워하여, 그 측근이었던 자신의 아들 석후를 다른 나라에서 죽게 만들었다는 데서 유래되었다.

범수의 외교 전략

먼 나라와 친교를

맺

고

가까운 나라를 공격하다.

_《전국책》

마음 챙김

원교근공(遠交近攻)이란 '멀리 떨어진 나라와 친교를 맺고 가까운 나라를 공격하다'는 뜻이다. 이 말은 범수가 진나라의 소왕에게 행한 외교적 전략이다. 외교나 전쟁에서 전략은 매우 중요하다. 어떤 전략을 쓰느냐에 따라 승패가 결정되기 때문이다.

. . .

인격자에겐
사람이 모여든다

복숭아와 오얏(자두)은

꽃이 곱고 열매가 맛이 좋으므로,

오라고 하지 않아도

찾아오는 사람이 많아

그 나무 밑에는 길이 저절로 생긴다.

_《사기》

마음 챙김

도리불언하자성혜(桃李不言下自成蹊)란 '복숭아와 오얏(자두)은 꽃이 곱고 열매가 맛이 좋으므로, 오라고 하지 않아도 찾아오는 사람이 많아 그 나무 밑에는 길이 저절로 생긴다'라는 뜻으로 인격자에게는 자연스럽게 사람이 모여든다는 의미이다. 그렇다. 인격자는 어둠을 환히 밝히는 빛과 같고, 곧은 길과 같음이다.

. . .

공적인 일을 위해
사적의 정을 끊다

큰 목적을

위하여 자기가 아끼는

사람을

버림을 이르는 말이다.

_《삼국지》

마음 챙김

읍참마속(泣斬馬謖)이란 '큰 목적을 위하여 자기가 아끼는 사람을 버림을 이르는 말'이다. 이 말의 의미를 좀 더 부연하면 공적인 일을 처리할 때는 사적인 정을 끊어야 함을 이른다. 중국 촉나라 제갈량이 군령을 어기어 가정 싸움에서 패한 마속을 눈물을 머금고 참형에 처하였다는 데서 유래하였다. 이 일로 촉나라 장졸들은 경거망동하지 않으며, 나라를 위해 진정으로 헌신할 수 있는 마음가짐을 지닐 수 있었다.

. . .

현자를 등용하기

현자가

들판을 헤매지 않으면

만천하가 편안하다.

_《서경》

마음 챙김

야무유현 만방함녕(野無遺賢 萬邦咸寧)이란 '현자가 들판을 헤매지 않으면 만천하가 편안하다.'는 뜻이다. 재능이 있고 어진 사람들이 등용되지 못해 들판에서 헤매는 사회는 건강하지 못하며, 그런 현자를 널리 채용해야 정치의 권위가 산다는 의미이다. 옳은 말이다. 현자야말로 어두운 세상을 밝게 하고, 그릇된 세상을 바로잡아 태평성대에 이르게 할 수 있는 자인 것이다.

친구의 깊은 우정

친구 사이의

매

우

두터운 정을 이르는 말이다.

_《역경》

마음 챙김

금란지교(金蘭之交)란 '친구 사이의 매우 두터운 정을 이르는 말'이다. 이는 두 사람의 마음이 같으면 그 예리함이 쇠라도 자를 수 있고, 그 향기는 난초와도 같다는 말에서 유래되었다. 그렇다. 금란지교와 같은 친구야말로 진정한 친구며, 인생의 동반자라 할만하다.

. . .

함부로 의심함을 삼가라

의심이 한 번

마음에 들어서면

아무것도 아닌 일도

수상하게 여기게 된다.

_《열자》

마음 챙김

의심생암귀(疑心生暗鬼)이란 '의심이 한 번 마음에 들어서면 아무것도 아닌 일도 수상하게 여기게 됨'을 의미한다. 그런 까닭에 함부로 의심을 해서는 안 됨을 이른다. 그렇다. 세상에서 벌어지는 온당치 않거나 불미스러운 일 중엔 쓸데없는 의심으로 인한 것이 많으니, 이를 깊이 유념해야 잘못 되는 것을 막을 수 있다.

. . .

이치에 맞지 않다

어떤 사실의 앞뒤,

또는 두 사실이

이치상 어긋나서

서로,

맞지 않음을 이르는 말이다.

_《한비자》

마음 챙김

모순(矛盾)이란, '어떤 사실의 앞뒤, 또는 두 사실이 이치상 어긋나서 서로 맞지 않음을 이르는 말'이다. 초나라에 방패와 창을 파는 사람이 있었다. 그는 방패를 팔 때는 내 방패는 단단해서 어떤 무기로도 뚫을 수 없다고 하고, 창을 팔 때는 어떤 물건도 꿰뚫는다고 하였다. 그러자 어떤 사람이 "당신의 창으로 방패를 찌르면 어떻게 되냐고 묻자 무기 장사꾼은 그만할 말을 잃고 말았다 하여 생긴 말이다.

정당한 대가를 치르다

공이 있는 자에게는

반드시 상을 주고,

죄가 있는 사람에게는

반드시 벌을 준다는 말이다.

_《관자》

마음 챙김

신상필벌(信賞必罰)이란 '공이 있는 자에게는 반드시 상을 주고, 죄가 있는 사람에게는 반드시 벌을 준다'는 뜻이나. 즉, 상과 벌를 공정하고 임중하게 히는 일올 이르는 말이다. 제갈량은 그 누구보다도 신상필벌을 중요시하였다. 그가 촉나라를 강하고 곧게 발전시킬 수 있었던 것 중 하나는 바로 신상필벌의 원칙을 준수했기 때문이다.

. . .

싸우지 않고 이기기

백전백승은

최

선

의 승리가 아니다.

_《손자병법》

마음 챙김

백전백승 비선지선자야(百戰百勝 非善之善者也)란 '백전백승은 최선의 승리가 아니다'라는 의미이다. 다시 말해 전쟁은 싸우지 않고 이기는 것이 최고의 승리이다. 그러니까 전쟁을 하지 않고 외교적 수단이나 모략으로 굴복시키는 것이 가장 이상적이다,라는 말이다. 이는 군대뿐만 아니라 사업을 하는 데 있어서도, 개인적인 삶에 있어서도 적용시킬만한 삶의 전략이며 지혜라고 할 수 있다.

. . .

가진 자의 도리

힘 있는 사람은

재빨리 남을 돕고,

돈 있는 사람은 힘써 나누어 주고,

도를 깨우친 사람은

남에게 가르쳐 주어야 한다.

_《묵자》

마음 챙김

힘 있는 사람은 재빨리 남을 돕고, 돈 있는 사람은 힘써 나누어 주고, 도를 깨우친 사람은 남에게 가르쳐 주어야 한다.라는 묵자의 말은 가진 자 즉 힘이든 돈이든 깨우친 자든 할 것 없이 자신이 가진 것을 나누어 주는 것이야말로 인간의 도리임을 이르는 의미이다. 옳은 말이다. 이것이야말로 진정한 인격자가 할 수 있는 최선의 삶인 것이다.

덕을 쌓으면
보답을 받게 된다

남이 모르게
덕행을 쌓은 사람은

뒤에 그 보답을
받게 됨을 이르는 말이다.

_《회남자》

마음 챙김

음덕양보(陰德陽報)이란 '남이 모르게 덕행을 쌓은 사람은 뒤에 그 보답을 받게 됨을 이르는 말'이다. 그러니까 그것이 무엇이든 남모르게 좋은 일을 하면 반드시 보답을 받는다는 것을 뜻한다. 그렇다. 무언가를 보상받기 위해 하지 않아도, 진심을 다해 덕을 행하면 그에 대한 대가는 반드시 받게 된다. 그런 까닭에 덕을 행함에 있어 힘껏 즐겨 행하라.

. . .

배움에 힘쓰라

오늘 배우지 아니하고 내일이 있다고 말하지 마라.

올해 배우지 아니하고 내년이 있다고 말하지 마라.

날과 달이 흘러가서 세월은 나를 위해 늦추지 않는다.

아, 늙었도다. 이 누구의 허물인가.

_《주자 권학문》

마음 챙김

이는 주자(朱子)가 한 말로 배움에 대한 경각심을 일깨워 준다. 사람들이 흔히 하는 말 중에 "오늘 못하면 내일 하면 되고, 내일 하지 못하면 그다음 날 하면 되지. 세월이 뭐 좀 먹나?"하고 말한다. 이는 대단히 잘못된 생각이다. 오늘 할 일을 미루면 그만큼 시간을 까먹는 것이다. 그러니 세월이 좀을 먹는 셈이다. 그래서 오늘 할 일은 오늘 해야 하는 것이다. 좋은 시절에 부지런히 힘쓰지 않으면 퇴보하는 것이며, 오늘 할 일을 하는 사람에겐 그 만큼 뒤처지게 된다.

. . .

김구의 자주독립

나라는 내 나라요 남들의 나라가 아니다. 독립은 내가 하는 것이지 다른 사람이 하는 것이 아니다. 우리 민족 삼천만이 저마다 이 이치를 깨달아 행한다면, 우리나라가 완전한 독립 이 아니 될 수 없고, 또 좋은 나라 큰 나라로 길이 보존 되지 아니 할 수 없는 것이다.

_《백범일지》

마음 챙김

김구 선생의 말에서 보듯 그의 가슴엔 자주독립에 대한 열망이 가득했음을 잘 알 수 있다. 우리 민족이 저마다 이를 깨닐음으로써 힘께 힘을 모아 실행하자고 강조했던 김구 선생의 결연한 의지가 마음을 숙연케 한다. 자주정신과 주체의식은 자존감을 갖게 하는 중요한 마인드이다. 이것이 있고 없느냐에 따라 삶의 가치가 완전히 달라지기 때문이다. 김구 선생이 주장한 자주정신과 주체의식을 길러 행한다면 좋은 결과를 얻게 될 것이다.

어짊을 근본으로 삼으라

어진 것을 근본으로 삼고
이치를 탐구함으로써
착한 것을 밝히고,

힘써 그것을 실천한다면
반드시
자신이 원하는 것을 성취할 수 있다.

_《격몽요결》

마음 챙김

어진 마음을 기르기 위해서는 나 하나쯤이야, 하는 마음을 버려야 한다. 이런 마음은 자신을 편협하고 이기심으로 가득 차게 만든다. 또한 자신에게는 엄중하고 타인에게 관대해야 한다. 이를 통해 타인과 자신을 유기적으로 이끌어 냄으로써 돈독한 유대관계를 형성하게 된다. 그리고 상대방의 입장에서 생각해 보는 자세를 길러야 한다. 이를 통해 상대를 이해할 수 있게 됨으로써 아름다운 인간관계를 지속시키게 된다. 그렇다. 어진 마음은 이런 마음가짐에서 비로소 싹트고 길러지는 것이다.

*《격몽요결(擊蒙要訣)》은 조선시대 문인. 성리학자. 교육자. 병조판서를 지낸 율곡 이이(栗谷李珥) 가 지은 책으로 한문으로 된 어린이용 학습서이다.

. . .

스스로에 대해
믿음을 가져야 하는 까닭

스스로를 믿는 사람은

또한 남을 믿어서

원수도 형제처럼 될 수 있다.

스스로를 의심하는 사람은

남도 또한 의심하나니,

자신 이외에도 모두가 적처럼 된다.

_《명심보감》

마음 챙김

믿음과 신뢰를 기르기 위해서는 먼저 자신을 믿고 신뢰해야 한다. 자신을 믿지 못하면 남 또한 믿지 못한다. 그러기 위해서는 마음으로부터 불신하는 마음을 버려야 한다. 이런 부정적인 마음은 스스로를 부정적이게 함으로써 어느 누구도 믿을 수 없게 만든다. 그런 까닭에 믿음과 신뢰가 튼튼하다면 모든 것이 순조롭게 이어지지만, 불신으로 가득 차면 태산이 무너져 내리 듯 불행한 사태에 직면하게 된다. 믿음과 신뢰는 자신의 인생을 확고하게 하는 삶의 보증수표이다.

...

의리를 지키기

의리가 있는 선비는

자기 마음을 속이지 못하고,

청렴결백한 선비는

턱없이 남의 물건을 욕심내지 않는다.

_〈설원〉

마음 챙김

《설총(薛聰)》에는 '의리가 있는 자는 자신을 속이지 못하고, 마음이 청빈한 자는 남의 물건을 탐하지 않는다'는 말이 있다. 그렇다. 의리는 정직한 마음에서 옴으로 그 어떤 상황에서도 거짓을 말하지 않으니 자명한 사실이다. 또한 청빈한 사람은 물욕이 없으니 아무리 산더미 같은 금은보화에도 마음이 동하지 않는 법이다. 의리와 청빈함은 결국은 하나이니. 의리를 기름은 곧 청빈함을 기르는 것과 같다 하겠다.

. . .

남을 이기려면
반드시 자신을 이겨라

남을 이기려는 자는

반

드

시

자신을 이겨야 한다.

_《여씨춘추》

마음 챙김

사람은 누구나 자신에게는 관대하다. 그러다 보니 자신의 잘못도 그냥 넘기고, 자신의 게으름도 그냥 넘어간다. 그러니 자신에게 엄격하고 자신을 이긴다는 것이 얼마나 힘든 일인지를 잘 알 것이다. 이처럼 자신을 이긴다는 것은 어렵고도 어려운 일이다. 하지만 남을 이기려면 반드시 자신을 이겨야 한다. 왜 그럴까. 자신을 이기는 자가 가장 강한 자이기 때문이다.

. . .

군자의 용기

죽음을 가벼이 하고
날뛰는 것은 소인의 용기이다.

죽음을 소중히 여기고
의로써 마음을 늦추지 않는 것은
군자의 용기이다.

_〈순자〉

마음 챙김

군자의 용기를 지니기 위해서는 옳고 그름을 바로 알아야 한다. 그래서 옳은 일은 행하고, 그릇된 일은 행하지 말아야 한다. 또한 어떤 두려움도 두려워하지 말아야 한다. 두려워하는 순간, 충분히 할 수 있는 것도 포기하게 된다. 그런 까닭에 자기를 극복하는 강한 의지를 길러야 한다. 강한 의지는 불가능한 것에도 도전하게 하는 강력한 마인드이다. 그렇다. 용기는 두려움을 없애는 자기 확신이다. 용기가 클수록 대담성 또한 더 커지고 강해지는 것이다.

. . .

제4부

서양고전에서
가려 뽑은
명문장

참된 행복에
이르는 길

우리의 인생

우리의 인생은

우리의

생각에 의해 만들어진다.

_《명상록》

마음 챙김

마르쿠스 아우렐리우스의 생애가 응축되어 있는 말이다. 그는 자신이 경험했던 숱한 고난을 극복하며 로마의 위대한 황제로 거듭났다. 그가 인생을 성공적으로 살 수 있었던 것은 자신의 말대로 자신의 생각대로 노력하고 실천했기 때문이다. 그렇다. 그 사람의 생각은 곧 그 사람 인생의 설계도이다. 그런 까닭에 자신이 생각한 대로 살아야 한다. 그렇게 할 때 자신이 원하는 것을 성취할 수 있기 때문이다.

. . .

자기 일에 만족하라

당신이 익힌 직업이

아무리 보잘것없는 것일지라도

애정을 가지고 그것에 만족하라.

당신의 온 정성을 다해

신을 섬기는 사람처럼 보내라.

_《명상록》

마음 챙김

일을 하되 즐기면서 하라. 그러면 힘든 일도 능히 해내게 된다. 또한 비록 하찮은 일일지
라도 애정을 다해 일한다면 뜻하지 않게 좋은 결과를 얻게 될 수 있음을 기억해야 할 것
이다.

외부 일이 마음을 어지럽힐 때

외부에서 닥쳐오는 온갖 복잡한 일이

당신의 마음을 어지럽히는가.

그렇다면 우왕좌왕하지 말고

새롭고 선한 일에 차분히

생각할 시간을 갖도록 해야 한다.

그러나 전혀 다른 길로 끌려가서는 안 된다.

지나치게 여기저기 돌아다니며

자신의 삶을 피곤하게 하고,

모든 행동에 이렇다 할 목적이 없는 것이야말로

어리석은 사람의 모습이기 때문이다.

_《명상록》

마음 챙김

외적으로부터 오는 마음의 고통과 혼란스러움에서 벗어나 자유로워지기 위해서는 어떻게 해야 할까. 첫째, 자꾸만 생각하면 더욱 고통스러움에 빠지게 된다. 어차피 이미 벌어진 일이니 그냥 받아들여라. 둘째, 하루 이틀 여행을 하며 답답한 마음을 가라앉히고 자신을 곰곰이 돌아보라. 셋째, 자신에 대해 잘 아는 스승이나 인생의 선배에게 조언을 구하라. 넷째, 지금보다 더 나은 나를 위한 기회를 가지라는 삶의 충고를 받아들여 새로운 마음가짐으로 극복해 나가도록 스스로를 위로하고 격려하라.

. . .

무서운 사기꾼

허세는 무서운 사기꾼이다.

그리고 당신이 하는 일이

가장 가치 있는

것이라고 믿을 때야말로

가장 속기 쉬운 때이다.

_《명상록》

마음 챙김

허세란 실속 없이 겉으로 드러나 보이는 기세를 말한다. 그러니까 겉은 번지르르 하지만 알맹이가 없거나 빈약한 쭉정이 같은 상태를 이르는 말이다. 그런 까닭에 허세를 부리는 자는 실제에 있어서는 약점이 많다. 그 약점을 감추기 위해 하나의 꾀로써 허세를 부리는 것이다. 그런 까닭에 허세는 인생을 살아가는 데 있어 아무런 도움이 되지 않고 걸림 돌만 될 뿐이다. 그렇다. 지금 이 순간 자신을 한번 돌아보라. 만일 자신에게 허세가 있다면 반드시 마음으로부터 뽑아버려야 한다. 허세는 인생을 방해하는 걸림돌임을 명심 또 명심해야겠다.

올바른 길로 나아가라

꾸준히 올바른 길로 나아가라.

언제나 올바르게 생각하고 행동하라.

그러면 당신의 생애는
평온하게 흘러갈 것이다.

_《명상록》

마음 챙김

누가 뭐라고 해도 내가 가는 길이 옳다면 그 길을 가라. 그리고 내 생각이 옳고, 내 행동
이 옳다면 그대로 말하고 행하라. 사람들 중엔 자신은 그렇게 하지 못하니까, 올바르게
사는 사람을 보면 심통을 부리고 말도 되지 않은 이야기를 퍼부으며 비난을 하곤 한다.
그렇다. 사람은 바르게 살면 그 어디에도 위축될 일이 없다.

. . .

성공의 첫 번째 비결

자기 신뢰는

성

공

의

첫 번째 비결이다.

_《랠프 왈도 에머슨의 어록》

마음 챙김

자신이 자신을 믿는다는 것은 자신을 신뢰하는 긍정적인 에너지를 발생하는 마인드 비법이다. 이는 동서고금을 막론하고 어떤 분야에서건 성공적인 삶을 살았거나 살고 있는 사람들의 공통점이다. 왜 그럴까. 자신을 믿게 되면 그 어떤 일에서든 자신감이 생기고, 그 자신감을 자신의 신뢰에 대한 믿음을 끌어올리기 때문이다. 그런 까닭에 이러한 자기 신뢰는 그가 하는 일을 성공적으로 해내게 하는데 큰 힘으로 작용하게 하는 것이다.

. . .

당신의 인생

당신의 인생은

당신이 하루 종일

무슨 생각을

하느냐에 달려 있다.

_《랠프 왈도 에머슨의 어록》

마음 챙김

사람에게 있어 그 사람이 하는 생각은 곧 그 사람의 본질이자 자체라고 할 수 있다. 왜냐하면 그 사람이 하는 생각은 그 사람만이 할 수 있는 것이기 때문이다. 그런 까닭에 그가 무슨 생각을 하느냐에 따라 그 사람이 하는 일은 큰 영향을 받게 된다. 그렇다. 자신이 무언가를 이루고 싶다면 그 일에 대해 긍정적으로 생각하고 긍정적으로 실행하라.

상처 입은 굴

상처 입은

굴

이

진주를 만든다.

_《랠프 왈도 에머슨의 어록》

마음 챙김

빛나고 좋은 일, 누구나 부러워하는 일 등은 저절로 이루어지지 않는다. 그것은 그만한 대가를 치러야 한다. 일을 하다 보면 뜻대로 되지 않을 때도 있고, 그 일로 인해 고통을 겪고, 아픔을 겪을 수 있기 때문이다. 그런 까닭에 고난이 따르는 것은 당연한 일로 여겨야 한다. 그렇다. 고난이 다가오면 피하지 말고 맞서라. 그리고 반드시 이겨내라. 그것이 자신을 위하고 축복의 길로 이끄는 최선의 길인 것이다.

자신의 것이 되어라

우리는

다른 사람의 것이

되기 전에

우리 자신의 것이

되어야 한다.

_《랠프 왈도 에머슨의 어록》

마음 챙김

우리가 흔히 하는 얘기로 자기다워야 한다고 말하곤 한다. 자기다워야 한다는 것은 남의 생각을 좇는 것이 아니라 자신만의 생각 즉 주관에 따라 자기 주도적인 사람이 되어야 함을 말한다. 그렇다면 자기다운 사람이 되기 위해서는 어떻게 해야 할까. 한마디로 말해 주체의식이 뚜렷해야 한다. 그래야 무슨 일에 있어서든 자기의 주관을 펼쳐 보일 수 있고, 자신의 생각을 사람들에게 각인시킴으로써 자신이 원하는 바를 이루는 데 큰 도움이 된다.

. . .

가장 명예로운 것

우리에게 있어서

가장 명예로운 것은

절대 넘어지지 않는 것이 아니라,

넘어질 때마다

다시 일어나는 것이다.

_《랠프 왈도 에머슨의 어록》

마음 챙김

살아가면서 겪게 되는 어려움은 그 누구도 예외는 없다. 누구나 한두 번쯤 또는 많은 어려움에 처하기도 한다. 그런데 사람에 따라서 어려움을 대처하는 자세가 다르다는 것이다. 어떤 사람은 아무렇지도 않게 생각하고 어려움을 극복하기 위해 최선을 다한다. 하지만 어떤 사람은 당장이라도 죽을 듯이 절망하고 어쩔 줄을 몰라 한다. 그렇다면 어떻게 해야 할까. 연약한 마음을 강하게 단련시켜야 한다. 즉 넘어질 때마다 다시 일어서는 힘을 기른다면 그 어떤 일도 능히 해낼 수 있다.

. . .

지금 사랑하라

미래에 있어서의
사랑이라는 것은 없다.
사랑이란 오직
현재에 있어서의 활동이다.
현재에 있어서 사랑을
보이지 않는
인간은 사랑을 갖고 있지 않다.

_《톨스토이의 인생론》

마음 챙김

사랑은 지금이 중요하고, 지금 사랑하고 행복해야 진정한 사랑인 것이나. 나중에 잘 먹자고 지금 배를 곯을 필요는 없다. 그것은 매우 어리석은 일과도 같은 까닭이다. 사랑 또한 마찬가지다. 나중에 행복하자고 지금 사랑을 미룰 수는 없다. 그렇다. 맘껏 사랑하라. 한 번도 미워하지 않은 것처럼. 한 번도 슬퍼하지 않은 것처럼. 한 번도 부족함이 없는 것처럼 서로 사랑하라.

. . .

친절 하라

친절은

이 세상을 아름답게 한다.

모든 비난을 해결하고,

얽힌 것을 풀어헤치고,

곤란한 일을 수월하게 하고,

암담한 것을 즐거움으로 바꾼다.

_《톨스토이의 인생론》

마음 챙김

친절한 사람에게는 사람을 잡아끄는 향기가 있다. 그런 까닭에 친절한 사람을 보면 마음이 따뜻해지며 기분이 좋다. 또한 친절한 사람은 어질고 덕스러워 보인다. 그래서 친절하게 말하고 행동하는 것만으로도 사람들은 관심을 갖게 된다. 그로 인해 친절하게 말하고 행동하는 사람은 누구나 좋아하고, 그 자신이 했듯이 자신에게도 그대로 돌아온다. 그래서 친절한 사람이 많을수록 세상은 아름답고, 하는 일도 즐겁게 잘 해내게 된다.

. . .

다가오는
삶을 소중히 하라

지나간 시간에

후회하는 삶보다는

다가오는 삶에

의미를 부여하는 시간이

훨씬 아름답다.

_《톨스토이의 인생론》

마음 챙김

과거는 흘러간 물과 같아 다시 되돌릴 수 없다. 하지만 그럼에도 불구하고 지나간 과거
에 매달려 집착하는 이들이 의외로 많이 있음을 보게 된다. 좋은 기억은 생각하는 것만
으로도 기쁨을 되살려주고 긍정의 에너지를 주지만, 나쁜 기억은 생각하는 것만으로도
슬픔이 되고 분노를 일으켜 부정적 에너지를 준다. 그런 까닭에 나쁜 과거는 생각하지
않은 것이 좋다. 그렇다. 미래에 도움이 되지 않는 과거는 모두 지워버려라. 그리고 미
래지향적인 생각으로 가득 채워라. 그것은 당신을 밝은 미래로 친절하게 이끌어 줄 것
이다.

. . .

지식의 질質

중요한 것은

지식의 양이 아니라 질이다.

우리는 꽤나

많은 것을 알고 있으면서도

가장 필요한 것은

알지 못하는 경우가 허다하다.

_《톨스토이의 인생론》

마음 챙김

현대는 지식과 정보가 넘치는 시대다. 특히 지식을 제공해 주는 수많은 책, 인터넷, 방송, 신문, 잡지, 다양한 강연 등의 매체들도 차고 넘친다. 지식이 과다 공급되는 이 세상은 그야말로 '지식의 바다'라고 할 수 있다. 그런데 문제는 지식의 양이 아니라는 것이다. 아무리 지식이 차고 넘쳐도 질이 좋지 않으면 그것은 지식으로서의 가치를 상실하고 만다. 인간이 살아가는 데 있어 꼭 필요한 지식이야말로 참 지식인 것이다.

다만 사랑하라

남에게

사랑받기 위해 애쓰지 마라.

다만 사랑하라.

그러면 당신도

비로소 사랑을 얻을 것이다.

사랑은 사랑을 베푸는 사람에게

정신적이고 내면적인

기쁨을 안겨준다.

_《톨스토이의 인생론》

마음 챙김

참 좋은 사랑을 원한다면 남이 자기에게 해주기를 바라는 것처럼 먼저 자신이 그렇게 해야 한다. 그러면 상대는 크게 감동함으로써 자신 또한 자신이 받은 것처럼 사랑을 줄 것이다. 이런 사랑을 할 줄 아는 사람이라면 그 사람을 믿어도 좋다. 그는 진실한 사람이며, 사랑의 진정성을 잘 아는 까닭이다. 그렇다. 사랑의 기쁨과 충만한 행복을 위해서라면 사랑을 바라지 말고 자신이 먼저 사랑하고 사랑하라.

. . .

행동은 힘이 세다

오직

행동의 힘을 믿으라.

삶은 말보다는

행동의 힘으로 변화된다.

_《아들러의 심리학》

마음 챙김

자신이 바라는 바를 이루고 실속 있게 살고 싶다면 자신이 바라는 바를 행동으로 옮겨라. 행동으로 옮기는 자만이 자신이 바라는 바를 이룸으로써 성공적인 삶을 살아가게 됨을 잊지 말아야겠다.

사랑하는 것이 인생이다

사랑하는 것이 인생이다.

기쁨이 있는 곳에 사람과 사람 사이의

결합이 이루어진다.

사람과 사람 사이의

결합이 있는 곳에 또한 기쁨이 있다.

_《괴테 어록》

마음 챙김

사랑과 사랑이 어우러지면 기쁨이 샘솟듯 솟고, 매사를 긍정적으로 생각하게 되어 사람
들에게도, 자신의 일에도 최선을 다하게 된다. 괴테의 말처럼 사랑하는 것이 인생인 것
이다. 사랑하라. 그 대상이 연인이든, 가족이든, 친구이든, 직장동료이든 그 누구라 할지
라도 자신이 먼저 사랑으로 대하라.

. . .

군주 된 자의 자세

군주 된 자는 특히,

새롭게 군주의 자리에 오른 자는

나라를 지키는 일에 곧이곧대로 미덕을

지키기는 어려움이 따름을 명심해야 한다.

나라를 지키려면 때로는 배신도 해야 하고,

또 때로는 잔인해져야 한다.

인간성을 포기할 때도,

신앙심조차도 잠시 잊어버려야 할 때가 있다.

그러므로 군주에게는 운명과 상황이 달라지면

그에 맞게 임기응변이 필요하다.

_《군주론》

마음 챙김

《군주론》의 핵심은 '군주는 사자의 양면성과 여우의 양면성을 동시에 지녀야 한다'는 것이다. 즉, 군주는 정치적 상황에 따라 그에 맞게 처세해야 군주로서의 자질을 갖게 됨으로써, 군주로서의 책임을 다 할 수 있음을 말한다.

루소의 교육론

교육은 자연 또는 인간

그리고 사물을 통해 제공되는 것이다.

우리의 능력과 우리가 가진

내부 기관이 발전하는 것은

자연이 베풀어 주는 교육에 의해 가능하다.

이러한 발전을 얼마나 잘 이용할 것인가를

가르치는 것이 인간의 교육이다.

우리를 자극하는 사물에 대해

우리의 경험이

얻게 되는 것은 사물에 의한 교육이다.

_《에밀》

마음 챙김

《에밀》은 장 자크 루소의 대표적으로 그는 자연주의 교육 사상의 대표적인 사상가이다.
루소는 인간을 교육하는 주체(요소)에 대해 자연과 인간과 사물 등 세 가지 관점에 대해
설명하며, 이것이 조화롭게 교육 될 때 참 자연인으로 살아갈 수 있다고 말한다.

. . .

존 듀이의 사상

어떠한 경험이라도
사회집단의 갱신을 통해
연속되는 것으로,

넓은 의미에서의 교육은
이러한 사회적 연속 수단인 것이다.

_〈민주주의와 교육〉

마음 챙김

《민주주의와 교육》은 민주주의의 사회 이념을 교육과 그 문제에 적용시킨 것으로써, 그의 철학은 교육론이라고 할 만큼 교육은 그에게 각별한 삶의 주제라고 할 수 있다. 또 교육의 목적은 민주 사회를 지향하고, 어떤 사회적 불의에도 당당해야 한다는 게 이 책에서 주장하는 그의 생각이다.

. . .

가장 좋은 정부

최소한의

정

부

가

가장 좋은 정부이다.

_《시민불복종》

마음 챙김

《시민불복종》은 미국 초절주의 사상가인 헨리 데이비드 소로의 대표적인 저서 중 하나다. 이 책은 국가의 불의에 불복종으로 맞서 잘못된 것을 개선하게 해야 한다는 주제를 담고 있다. 이 책은 간디와 마틴 루터 킹을 비롯한 많은 이들에게 큰 영향을 주었다.

. . .

참된 행복에 이르는 길

참된 행복에 이르는 길은

인류를 구제하려는

신의 '참된 마음'에 순종해

신의 '품'에 안기는 것이다.

_〈행복론〉

마음 챙김

《행복론》은 스위스 사상가인 카를 힐티의 대표적인 저서이다. 이 책은 보편적인 일상에서 보다 그리스도교의 신앙에 의지함으로써, 즐겁게 일하는 종교적, 윤리적인 인간의 삶에서 행복을 찾을 것을 말한다.

. . .

지구의 주인은
인간이 아니다

지구는

우리

인간만의 것이 아니다.

_《침묵의 봄》

마음 챙김

《침묵의 봄》은 미국 해양생물학자인 레이첼 칼슨이 쓴 자연환경의 중요성을 일깨우는 환경의 고전이다. 이 책은 DDT 같은 살충제나 제초제 등이 자연 생태계에 미치는 영향이 얼마나 큰 지에 대해 다각적으로 분석하여 썼다는 데에 큰 의미를 부여한다.

- 리처드 버크 *Richard Bach*(1936~) 미국의 소설가. 주요 작품으로 《갈매기의 꿈》이 있다.

- 알퐁스 도데 *Alphonse Daudet*(1840~1897) 프랑스 출생, 소설가. 주요 작품 《풍차 방앗간에서 온 편지》 외

- 파울로 코엘료 *Paulo Coelho*(1947~) 브라질 출신 소설가. 1986년 《순례자》로 데뷔. 대표 작품 《연금술사》, 《베로니카 죽기로 결심하다》 외

- 앙투안 드 생텍쥐페리 *Antoine de Saint-Exupéry*(1900 ~ 1944) 프랑스의 작가이자 시인, 언론인이자 비행사. 주요 작품으로 《어린 왕자》, 《인간의 대지》 외

- 에밀리 브론테 *Emily Bronte*(1818~1848) 영국 출생. 소설가이자 시인. 주요 작품 《곤달 시집》, 《폭풍의 언덕》

- 찰스 디킨스 *Charles Dickens*(1812~1870) 영국 출생. 소설가. 주요 작품 《크리스마스 캐럴》, 《올리버 트위스트》, 《위대한 유산》 외.

- 윌리엄 셰익스피어 *William Shakespeare*(1564~1616) 영국의 시인, 극작가. 주요 작품 《로미오와 줄리엣》, 《햄릿》 외

- 프랑수아즈 사강 *Françoise Sagan*(1935~ 2004) 프랑스의 극작가이자 소설가이다. 주요 작품으로 《슬픔이여 안녕》, 《브람스를 좋아하세요》 외

- 기 드 모파상 *Gyu de Maupassant*(1850~1893) 프랑스 출생. 소설가. 주요 작품 《여자의 일생》, 《메당의 저녁》 외

- 루이자 메이 올콧 *Louisa May Alcott*(1832~1888) 작가. 주요 작품 《작은 아씨들》, 《라일락 꽃 피는 집》 외

- 오노레 드 발자크 *Honore de Balzac*(1799~1850) 프랑스 소설가. 주요 작품 《인간희극》, 《고리오 영감》, 《골짜기에 핀 백합》 외

- 알렉상드르 뒤마 *Alexandre Dumas*(1802~1870) 프랑스 출생. 소설가. 주요 작품 《삼총사》, 《몽테크리스토 백작》 외

- 조르주 상드 *George Sand*(1804 ~ 1876) 프랑스의 소설가. 주요 작품으로 《사랑의 요정》, 《피리 부는 사람들의 무리》 외.

- 귀스타브 플로베르 *Gustave Flaubert*(1821~1880) 프랑스의 작가. 주요 작품 《보바리 부인》, 《감정 교육》 외

- 빅토르 마리 위고 *Victor-Marie Hug*(1802~1885) 프랑스의 시인이자 소설가이며 극작가이다. 주요 작품 《레미제라블》, 《아이슬란드의 한》 외

- 조너선 스위프트 *Jonathan Swift*(1667 ~ 1745) 아일랜드의 소설가이자 성공회 성직자다. 주요 작품 《걸리버 여행기》

- 대니얼 디포 *Daniel Defoe*(1660 ~ 1731) 영국의 소설가이자 언론인이다. 주요 작품 《로빈슨 크루소》, 《자크 대령》 외

- 존 번연 *John Bunyan*(1628~1688) 영국 출생. 목사. 소설가. 주요 작품 《천로역정》, 《거룩한 전쟁》 외

- 존 밀턴 *John Milton*(1608~1674) 영국의 시인이자 청교도 사상가로 영국의 문호 셰익스피어에 버금가는 작가로 평가받고 있다. 주요 작품 《실낙원》, 《복낙원》 외

- 샬럿 브론테 *Charlotte Bronte*(1816~1855) 영국 출생. 소설가. 주요 작품 《제인 에어》, 《교수》 외

- 윌리엄 서머싯 몸 *William Somerset Maugham*(1874~1965) 영국 소설가. 주요 작품 《인간의 굴레》, 《달과 6펜스》 외

- 요한 W. 폰 괴테 *Johann Wolfgang von Goe'the*(1749~1832) 독일 최고 시인. 소설가. 과학자. 정치가. 독일 고전주의 문학 대표 작가. 주요 작품 《파우스트》, 《젊은 베르테르의 슬픔》 외

- 미겔 데 세르반테스 *Miguel de Cervantes Saavedra*(1547~1616) 스페인의 문호. 주요 작품으로 《돈 키호테》, 《모범 소설집》 외

- 어니스트 헤밍웨이 *Ernest Hemingway*(1899~1961) 미국 출생. 소설가. 대표적인 작품 《노인과 바다》, 《누구를 위하여 종은 울리나》, 《무기여 잘 있거라》 외

- 마거릿 머널린 미첼 *Margaret Munnerlyn Mitchell*(1900~ 1949) 미국의 소설가이다. 주요 작품 《바람과 함께 사라지다》

- 테네시 윌리엄스 *Tennessee Williams*(1911~1983) 미국 출생. 극작가. 주요 작품 《욕망이라는 이름의 전차》, 《뜨거운 양철지붕 위의 고양이》 외

- 레프 N. 톨스토이 *Lev Nikolaevich Tolstoi*_(1828~1910) 러시아 소설가. 사상가. 문명 비평가. 주요 작품 《전쟁과 평화》, 《안나 카레니나》, 《부활》 외

- 보리스 레오니도 비치 파스테르나크 *Борис Леонидович Пастернак*(1890 ~ 1960) 러시아의 시인이자 소설가이다. 주요 작품 《의사 지바고》, 《성루 위에서》 외

- 펄 사이든 스트리커 벅 *Pearl Sydenstricker Buck*(1892 ~ 1973) 미국의 소설가이다. 주요 작품 《대지》, 《갈대는 바람에 시달려도》 외

- 마르셀 프루스트 *Marcel Proust*(1871~1922) 프랑스 소설가. 주요 작품 《잃어버린 시간을 찾아서》 외

- 시몬 드 보부아르 *Simone de Beauvoir*(1908~1986) 프랑스의 작가이자 철학자이다. 주요 작품 《제2의 성》, 《초대받은 여자》 외

- 알베르 카뮈 *Albert Camus*(1913~1960) 프랑스의 피에 누아르 작가이자 언론인, 철학자이다. 주요 작품으로 《페스트》, 《이방인》 외

- 로맹 롤랑 *Romain Rolland*(1866~1944) 프랑스의 문학가이자 사상가이다. 주요 작품 《장 크리스토프》, 《매혹된 영혼》 외

- 헤르만 헤세 *Herman Hesse*(1877~1962) 독일 출생. 소설가이자 시인. 주요 작품 《수레바퀴 밑에서》, 《데미안》 외

- 표도르 도스토옙스키 *Fyodor Mikhailovich Dostoevskii*(1821~1881) 러시아 소설가. 주요 작품 《카라마조프가의 형제들》, 《죄와 벌》 외

- 토머스 하디 *Tomas Hardy*(1840~1928) 영국 출생. 소설가. 주요 작품 《테스》, 《패왕》 외.

- 조지 오웰 *George Orwell*(1903~1950) 영국 소설가. 주요 작품 《동물농장》 외.

- 해리엇 비처 스토 *Hariet Beecher Stowe*(1811~1896) 미국 출생. 소설가. 주요 작품 《톰 아저씨의 오두막》 외

- 허먼 멜빌 *Herman Melvile*(1819~1891) 미국 출생. 소설가. 주요 작품 《백경》, 《빌리바드》 외.

- 귄터 그라스 *Gunter Grass*(1927~) 독일 출생. 소설가. 주요 작품 《양철북》 외. 노벨문학상 수상 (1999)

- 피에르 오귀스탱 카롱 드 보마르셰 *Pierre Augustin Caron de Beaumarchais*(1732~1799) 프랑스 출생. 극작가. 희곡 《피가로의 결혼》 외

- 데이비드 허버트 로렌스 *David Herbert Lawrence*(1885~1930) 영국 출생. 소설가. 주요 작품 《아늘과 연인》, 《사랑하는 연인들》 외

- 제인 오스틴 *Jane Austen*(1775~1817) 영국 출생 소설가. 주요 작품 《오만과 편견》, 《엠마》 외

- 프리드리히 니체 *Friedrich Wilhelm Nietzsche*(1844~1900) 19세기 독일의 철학자, 시인이다. 대표적인 작품으로 《차라투스트라는 이렇게 말했다》, 《인간적인 너무나 인간적인》 외

- 라빈드라나드 타고르 *Rabindranath Tagore*(1861~1941) 인도의 시인. 사상가. 시집 《기탄잘리》로 동양인 최초로 노벨문학상 수상함.

- 칼 샌드버그 *Carl Sandburg*(1878~1967) 미국의 시인. 주요 작품 《시카고 시집》, 《링컨 전》등이 있다.

- 로버트 S. 브리지스 *Robert Seymour Bridges*(1844~1930) 영국의 계관시인. 주요 작품 《짧은 시들》, 《미의 계율》이 있다.

- 월드 휘트먼 *Walt Whitman*(1819~1882) 미국 시인·수필가. 주요 작품 《풀잎》이 있다.

- 수잔 폴리스 슈츠 *Susan Polis schlitz*(1944~) 미국의 여류 시인. 주요 작품 《아기에게 보내는 사랑》, 《아들에게 보내는 사랑》 외 다수가 있다.

- 하인리히 하이네 *Heinrich Heine*(1797~1856) 독일 시인. 주요 작품 《노래의 책》, 《히르츠 기행》 등 다수가 있다.

- 로버트 번즈 *Robert Burns*(1759~1796) 영국의 시인. 주요 작품 《스코틀랜드 가곡집》, 《샨터의 탬》 등이 있다.

- 칼 부세 *Karl Busse*(1872~1918) 독일의 시인. 소설가. 낭만적인 서정시로 유명하다. 시집 《산 넘어 저 멀리》

- 퍼시 비시 셸리 *Percy Bysshe Shelley*(1792 ~ 1822년) 영국의 소설가 메리 셸리의 남편이자 낭만파 시인. 시집 《종달새에게》, 《서풍에 부치는 노래》 외 다수.

- 장 니콜라 아르튀르 랭보 *Jean Nicolas Arthur Rimbaud*(1854~1891) 프랑스의 시인. 시집으로 《지옥에서 보낸 한 철》이 있다.

- 글로리아 로라 밴더빌트 *Gloria Laura Vanderbilt*(1924~2019) 미국의 예술가, 작가, 여배우, 패션 디자이너, 상속인, 사교계 명사로 유명했다.

- 돌리 파튼 *Dolly Rebecca Parton*(1946~) 미국의 싱어송라이터이다. 1974년 음반 Jolene을 발표하며 솔로 활동을 시작했다. 1975년과 1976년 최우수 컨트리 가수로 선정되었다. 휘트니 휴스턴이 부른 영화 보디가드 주제곡 I will always love you의 원작자이며 작곡가이다.

- 기욤 아폴리네르 *Guillaume Apollinaire*(1880~1918) 프랑스 시인. 은행의 하급 직원, 출판사 보조원, 자유기고가 등으로 일했다. 그러다 피카소, 마티스 같은 입체주의 미술에 영향을 받고, 시에 입체파 미술을 접목시키려고 노력하였다. '초현실주의(surrealisme)'라는 용어를 처음 쓴 당사자이기도 하다.

- 존 밀턴 *John Milton*(1608~1674) 영국의 시인이자 청교도 사상가. 주요 작품 대서사집 《실낙원》, 《투사 삼손》, 《복낙원》이 있다.

- 윌리엄 블레이크 *William Blake*(1757 ~ 1827) 영국의 화가이자 시인이다. 시화집으로 퍼시 비시 《천국과 지옥의 결혼》, 《경험의 노래》가 있다.

- 칼릴 지브란 *Gibran Kahlil Gibran*(1883 ~ 193) 레바논계 미국인으로 예술가이며, 시인, 작가이다. 주요 작품 《예언자》, 《모래와 거품》 외 다수.

- 프랑수아 6세 드 라로슈푸코(1613 ~ 1680) 프랑스의 귀족 출신 작가이자 모럴리스트이다. 〈막심〉으로 불리는 잠언 집이 있다.

- 이방응 중국 청나라 때 화가이다.

- 조업曹鄴 (816~875)당나라 시인이다. 저서로 시집 3권이 있었지만 없어지고, 후세 사람이 《조사부집(曹祠部集)》을 편찬했다. 《전당시(全唐詩)》에 시가 2권으로 수록되어 있다.

- 도연명陶淵明(365~427) 중국 시인. 주요 작품 《오류선생전》, 《도화원기》, 《귀거래사》가 있다.

- 설도薛濤 당나라의 여류시인이다. 설도는 선천적으로 음률에 능통하여 시가를 잘 지었고, 당시 유명한 사대부들과 즐겨 교류하였다. 바로 위고(韋皋)·원진(元稹)·백거이(白居易)·두목(杜牧) 등의 기라성 같은 문인들과 창화(唱和)를 나눈 것으로 유명하다.

- 허난설헌許蘭雪軒(1563~1589) 조선중기의 여류시인. 본명은 초희(楚姬)이며 호는 난설헌이다. 천재적인 시재(詩才)를 발휘하였으며, 특히 한시에 능하였다. 한시에 〈유선시(遊仙詩)〉, 가사 작품에 〈규원가〉, 〈봉선화가〉 가 있고, 유고집에 《난설헌집》이 있다.

- 《도덕경道德經》은 기원전 4세기에 발간되었으며, 5,000자에 총 81장으로 구성되었다. 상편 37장을 〈도경〉이라 하고, 하편 44장은 〈덕경〉이라고 한다. 노자의 핵심사상인 무위자연에 대해 다각적으로 펼쳐 인간으로서 인간답게 살아가는 데 근본으로 삼아 행해야 할 지침과도 같은 책이다.

- 《논어論語》는 유교 경전으로 4서(논어, 맹자, 대학, 중용)중 하나로 공자의 가르침을 전하는 문헌으로, 일반적으로 유교 경전을 가르칠 때 제일 먼저 가르친다. 이 책은 인(仁), 군자(君子), 천(天), 중용(中庸), 예(禮), 정명(正名) 등 공자의 기본 윤리 개념을 모두 넘고 있다

- 《맹자孟子》는 B.C 280년 경에 쓴 책으로 맹자의 언행을 기록하고, 다른 사상가들과 논쟁한 것을 기록한 어록이다. 또한 맹자의 주요 사싱인 인의(仁義)의 도덕을 강조한다. 《맹자》는 〈양혜왕편〉, 〈공손추편〉, 〈등문공편〉, 〈이루편〉, 〈만상편〉, 〈고자편〉, 〈진심편〉 등 총 7편으로 구성되어 있다.

- 《장자莊子》는 전국시대의 사상가인 장자(莊子)의 사상과 가르침을 쓴, 도가 계열의 책으로 장자와 여러 사람의 글을 편집한 것이다. 33편이 현존하는데 장자 자신이 쓴 책은 〈내편〉 7편이며, 나머지는 〈외편〉 15편, 〈잡편〉 11편은 장자의 문하생들이 지은 것이라고 알려져 있다. 장자(莊子)가 쓴 내편 7편은 〈소요유〉, 〈제물론〉, 〈양생주〉, 〈인간세〉, 〈덕충부〉, 〈대종사〉, 〈응제왕〉이다.

- 《채근담採根譚》은 명나라 고전문학가인 홍자성의 어록으로 삼교 일치의 처세 철학서이다. 《채근담》은 경구풍의 단문 359개로 구성되어 있다. 중국에서는 잘 알려지지 않았으나 한국, 일본 등에서는 널리 읽혔다. 특히, 20세기에 이르러서는 세계적으로 대중적인 인기를 얻으며 대표적인 아포리즘(잠언, 경구, 금언 등을 이르는 말)으로 자리매김하였다.

- 《춘추좌씨전春秋左氏傳》은 공자가 편찬한 《춘추》의 대표적인 주석서로 《좌전》, 《좌씨전》, 《좌씨춘추》라고도 한다.

- 《전국책戰國策》은 전한 때 유향(劉向)이 편집한 전국시대 모사들의 책략 모음집이다.

- 《사기史記》는 중국 전한 왕조의 무제 시대에 사마천이 편찬한 역사서로, 중국의 이십사사의 하나이자 정사의 으뜸으로 꼽힌다.

- 《삼국지三國志》서진의 진수(陳壽)가 짓고 남조 송나라의 배송지(裴松之)가 주를 달아 내용을 보충한 삼국시대의 인물들을 다룬 역사서이다.

- 《서경書經》 중국의 유교 5경 가운데 하나로 중국에서 가장 오래된 역사서이다. 중국의 고대 국가들의 정사에 관한 문서를 공자가 편찬하였다고 전한다.

- 《역경易經》은 유학의 삼경 중 하나로, 세계의 변화에 관한 원리를 기술한 책으로 주역周易이라고도 한다.

- 《열자列子》는 도가사상(道家思想)을 담고 있는 중국의 고전으로, 전국시대 열어구가 지었다고 전해진다.

- 《한비자韓非子》는 중국 전국시대의 책으로, 한비 등이 쓴 법가 사상을 집대성한 것이다.

- 《관자管子》는 BC 600년경에 만들어진 책으로 춘추시대 때 제나라 재상 관중(管仲)과 그 계파에 속하는 학자들의 언행록이다. 이 책의 주요 내용은 정치, 법률, 경제, 군사, 제도, 철학, 교육 등 다방면에 다루고 있다.

- 《손자병법孫子兵法》은 손자(孫子), 본명 손무. 중국 춘추시대 제나라 출신의 병법 전술가가 지은 병서.

- 《묵자墨子》는 중국의 전국시대 중기에서 후기에 걸쳐 묵가 집단에 의하여 집대성된 저작집이다. 일부는 개조인 묵자 자신의 언론도 포함되어 있으나 대부분은 그의 후배의 손에 의해 이루어진 저작으로 추측된다. 원래 71편이 있었으나 현존하는 것은 53편이다.

- 《회남자淮南子》는 중국 전한 시대 회남왕 유안이 빈객과 방술가(方術家) 수천을 모아 도가의 도(道) 사상을 중핵으로 하여, 그들이 보유한 해박한 지식을 널리 결집해서 편찬한 백과전서이다.

■《주자권학문》은 중국 남송의 유학자인 주자朱子가 지은 것이다. 주자(朱子)의 이름은 희(熹), 자는 원회(元晦), 호는 회암(晦庵). 주자는 존칭이다. 주자학을 집대성하였다. 주석서로《대학장구(大學章句)》,《중용장구(中庸章句)》가 있다.

■《백범일지白凡逸志》는 일제 강점기 한국의 독립운동가이자 대한민국의 정치인인 김구(金九)의 자서전이다. 1929년과 1943년 각각 집필된 두 권의 친필본은 1997년 6월 12일 대한민국의 보물 제1245호로 지정되었다. 이 책은 김구의 일대기에 대한 기록이자 독립운동을 하면서 겪었던 일을 감동적으로 담아냈다.

■《격몽요결擊蒙要訣》은 조선시대 문인. 성리학자. 교육자. 병조판서를 지낸 율곡 이이栗谷李珥가 지은 책으로 한문으로 된 어린이용 학습서이다.

■《명심보감明心寶鑑》중국 고전에 나와 있는 경구들을 가려 뽑아 1393년 명나라의 범립본이 편찬한 것으로써 우리나라에서는 1454년 조선시대 때 청주에서 처음 간행된 학습서이다.《명심보감》은 충과 효와 예 등 가정교육을 중심으로 해서 엮은 것으로 유교적 교양과 심성교육을 바탕으로 하고 있다.

■《설원設苑》B.C 6세기경 구체적인 사례를 들어 사회인의 마음가짐을 흥미롭게 설명한 중국 고대 처세술을 집대성한 책으로 주제별로 총 20권이며, 700개의 잠언으로 이루어졌다.

■《여씨춘추呂氏春秋》제자백가 중 잡가(雜家)의 대표적인 작품이다. 거대 중국의 거상이자 재상인 여불위(呂不韋)가 전국의 논객들과 식객들을 모아 춘추전국시대의 모든 사상을 절충, 통합시키고 세밀하게 분석하여 정치와 율령의 참고로 삼기 위해 저술한 일종의 백과사전이다.

■《순자荀子》는 중국의 전국시대 말기의 유가사상가이자 학자인 순자의 말과 글을 모은 책이다.《순경신서(荀卿新書)》,《손경자(孫卿子)》라고도 불린다.

■《명상록》은 로마제국의 제16대 황제이자 사상가인 마르쿠스 아우렐리우스 *Marcus Aurelius*(121~180)의 저서이다.《명상록》은 대우주와 그 속에 사는 소우주로서의 자기 자신과의 대비를 기조로 하는 내면적 자기반성의 기록이다.

■《랠프 왈도 에머슨 어록》은 미국의 사상가이자 시인이며, 수필가인 랠프 왈도 에머슨 Ralph Waldo Emerson(1803~1882)의 주요 저서인《자연》을 비롯한《대표적 인물》,《영국의 특성》등에서 가려 뽑았다.

■《레프 톨스토이의 인생론》은 러시아의 작가이자 사상가이며 문명비평가, '톨스토이 주의'의 창시자인 레프 N. 톨스토이 *Lev Nikolaevich Tolstoi*(1828~1910)의 저서로, 인생을 선(善)에 대한 욕구로 보며, 인생의 의의를 선에 대한 추구로 보고 있다. 다시 말해 인간이 각자 가지고 있는 '이성', 즉 '신의 활동인 사랑'을 통해 선을 목표로 살아가는 노력을 '인생'이라고 정의하며 자신만의 인생철학을 피력한 책이다.

- 《아들러의 심리학》은 오스트리아의 의사이자 정신의학자이며 개인심리학의 창시자인 알프레드 아들러 *Alfred Adler*(1870~1937)의 저서이다. 개인심리학은 개개인의 특성에 초점을 맞춘 심리학이다.

- 《괴테 어록》은 독일의 시인, 작가, 과학자, 정치가, 독일 고전주의 문학의 대표인 요한 볼프강 폰 괴테 *Johann Wolfgang von Goethe*(1749~1832)의 주요 저서인 《파우스트》,《젊은 베르테르의 슬픔》,《이탈리아 기행》등에서 가려 뽑았다.

- 《군주론》은 이탈리아의 정치철학자인 니콜로 마키야벨리 *Niccolo Machiavelli*(1469 ~ 1527)가 쓴 16세기의 정치학에 대한 책이다.

- 《에밀》은 프랑스의 사회계약론자이자 직접 민주주의자, 공화주의자, 계몽주의 철학자인 장자크 루소 *Jean-Jacques Rousseau*(1712 ~ 1778)의 주요 저서로, 에밀이라는 고아가 출생해서 결혼하기까지의 과정을 통하여, 지식 위주의 주입식 교육을 배격하고 인간 본연의 자연성을 존중하는 전인(全人) 교육 방법을 4단계에 걸쳐 서술한다, 그리고 마지막으로 에밀의 아내 소피의 교육 내용을 제시하고 있다.

- 《민주주의와 교육》은 미국의 철학자이자 심리학자이며 교육학자인 쫀 듀이의 주요 저서이다. 이 책은 시카고 대학 부속 실험학교에서의 산 경험을 토대로, 컬럼비아의 새로운 철학적 분위기 속에서 쓴, 그의 교육 철학을 전문적으로 체계화한 책이다.

- 《시민불복종》은 미국 초절주의 사상가인 헨리 데이비드 소로 *Henry David Thoreau*(1817 ~ 1862)의 대표적인 저서 중 하나이다. 이 책은 국가의 불의에 불복종으로 맞서 잘못된 것을 개선하게 해야 한다는 주제를 담고 있다.

- 《행복론》은 스위스의 사상가이자 법률가인 카를 힐티 *Carl Hilty*(1833 ~ 1909)의 주요저서이다.

- 《침묵의 봄》은 미국의 해양 생물학자이자 작가인 레이첼 루이즈 카슨 *Rachel Louise Carson*(1907 ~ 1964)의 주요 저서이다.

나를 사로잡은 명문장
필사 책

초판 1쇄 인쇄	2026년 4월 10일
초판 1쇄 발행	2026년 4월 17일

엮은이 | 김옥림
펴낸이 | 구본건
펴낸곳 | 비바체
주소 | (07668) 서울, 강서구 등촌로39길 23-10, 202호
전화 | 070-7868-7849
팩스 | 0504-424-7849
전자우편 | vivacebook@naver.com

@비바체
ISBN 979-11-93221-50-1 (03100)

잘못 만들어진 책은 구입처에서 교환 가능합니다.